LEVANTADOR DE LIMITACIONES

EN UN MUNDO SIN DIOS

UNA GUIA PARA VIVIR LA NUEVA VIDA EN CRISTO

ELIZABETH PLASENCIA

EN COLABORACION CON JOVANNY PLASENCIA

PROLOGO

Dios nos ama y sigue dándonos la oportunidad de tener la vida que El diseñó para nosotros. Una vida basada en obediencia y sustentada por su amor. Cada día nos enfrentamos a grandes desafíos que nos empujan a hacer el mal, más Dios nos levanta todas las limitaciones que nos impiden hacer el bien y nos enseña a vivir en un mundo de trifulcas sin ser parte de los revoltosos.

El amor es lo único que acaba con el mal y el amor es Dios.

Como dice la Biblia en **Filipenses 3: 13-14** Hermanos, yo mismo no pretendo haberlo ya alcanzado. Pero una cosa hago: olvidando ciertamente lo que queda atrás, y extendiéndome a lo que está delante, prosigo a la meta, al premio del supremo llamamiento de Dios en Cristo Jesús.
Las Sagradas Escrituras nos enseñan a vivir día a día la nueva vida en Cristo.

Nuestro Señor quiere que mejoremos nuestro comportamiento. La mejor manera de aprender es pasar más tiempo con El.

Observando, ciertos acontecimientos y comportamientos de nuestros antes pasados en la Biblia, comenzamos a entender que es lo que Dios quiere para nosotros. Comparando esos acontecimientos con los que vivimos actualmente, en el territorio natural y espiritual, sentimos la necesidad de escudriñar un poco más las Sagradas Escrituras. Porque en Ella sí está la verdad. En **Juan 5: 39** dice; Escudriñad las Escrituras; porque a vosotros os parece que en ellas tenéis la vida eterna; y ellas son las que dan testimonio de mí.

Mi esposo mirando la inquietud que yo tenía en aprender cómo podemos ser mejores seres humanos y el anhelo de ver una sociedad con mejores modales y más cerca de Dios, quién es El único que nos garantiza paz, me inspiró a escribir este libro y colaborando conmigo hasta terminarlo. Este estudio de la palabra de Dios es un medio para crecer en las áreas donde nos enfrentamos con las limitaciones que cada día tratan de detener el cumplimiento del plan de

Dios en nosotros. Sabiendo que este mundo que se niega a ver a Dios en lo que existe, pero jamás podrá librarse del amor de su creador.

obviamente el mundo es el mismo, desobediente y rebelde desde la caída de Adán y Eva en el Jardín del Edén. Una persuasión y una desobediencia, que trajo consecuencia.

Reconociendo que las épocas son diferentes, pero que jamás cambiaremos la voluntad de Dios en ellas; Su voluntad es que nos arrepintamos de nuestros malos caminos y vivamos una vida fructífera y en abundancia, en espera de ser levantados.

Esperamos que este libro sea de gran bendición para usted en el momento que culmine su lectura. Hemos aprendido mucho y aún nos falta por aprender de los grandes personajes mencionados en la Biblia, y de grandes levantadores del presente y seguimos con un corazón abierto al aprendizaje.

Rogamos al Señor, que usted también pueda ser tocado como nosotros y que pueda darse cuenta lo importante que es usted para Dios. Que abra su corazón a Jesús y pueda permitirle tomar su maleta pesada. Él le hará vivir mejor.

Dios quiere ejercer en nosotros su paternidad, no le rechacemos. Nuestro Padre perfecto, quiere que no ignoremos, que la derrota sólo se hizo para los que no piden ayuda y las limitaciones no existen cuando la esperanza florece día a día a través de Jesús. Que hay solución para todas las cosas y jamás quedaremos en el mismo escalón. Que si caemos diez veces debemos levantarnos mil veces y si se apaga la voz; Dios enviará a un Josué como lo hizo con Moisés. Deuteronomio 31:7-8

Dios siempre levantará nuestras limitaciones y nos llevará de lo seco y árido a la hermosura. Nuestro mundo siempre será El. Cuando los detractores e infames se levanten contra ti, Jesús los expondrá y te liberara de ellos. Así mismo Él quiere que nosotros expongamos a los detractores de la paz y las buenas costumbres.

Aunque el pesimismo ataca sin piedad y el pecado entra "sutilmente" Dios quiere que prosigamos hasta la meta establecida. Que no desmayemos y que confiemos en El. No será fácil, pero la Biblia dice en Romanos 8:37 Ante todas estas cosas somos más que vencedores por medio de aquel que nos amó.

Todos tenemos la oportunidad de elegir entre lo bueno y lo malo (libre albedrío) y cada elección marcará para bien o para mal nuestro caminar. Mientras más cambiamos defectos por virtudes más nos aproximamos a la hermosura que Dios tiene para los que le amamos. Sabiendo que muchos estamos llenos de limitaciones, pero estas, jamás podrán borrar al Gran Autor de los Grandes Levantamientos, nuestro Señor Jesús.

Nunca debemos medir nuestras fuerzas. Cuando te sientas débil, recuérdate que con Dios somos más que vencedores. Dios no quiere, que nos llenemos de vanagloria, pero sí desea que caminemos confiados. La biblia dice en juan 3 diga el débil; fuerte soy. Él quiere que conozcas de que estamos llenos; y si es de virtud, no hay nada que temer.

Nota

El intelecto; es la potencia cognoscitiva racional de un ser humano. La inteligencia, es la facultad de la mente que permite aprender, entender, razonar, tomar decisiones y formarse una idea determinada de la realidad. Todo esto viene de Dios. El otro no da nada.

Recordemos los regalos de capacidad que tenemos, como el intelecto y la inteligencia, no vinieron por sí solos, esto no es por ser bello, rico, pobre, piel clara o piel oscura; no es por ser hijo de Reyes o presidentes, Jesús es el dador de ellos. El otro no da nada, sólo rompe, roba y mata. La Biblia dice en **Santiago 1:17** Toda buena dadiva y todo don perfecto desciende de lo alto, del Padre de las luces, en el cual no hay mudanza, ni sombra de variación.

Dios quiere que seamos diligentes, que aprendamos a usar los recursos que Él nos da. Bendito sea el Dios y Padre de nuestro Señor Jesucristo, Padre de toda misericordia y Dios de toda consolación Él nos hizo a su imagen, Él es el dueño de la inteligencia. Nos hizo con libre albedrío, por lo tanto, quiere que respetemos a los demás, pero sin unirnos a los que corrompen las buenas costumbres.

Él quiere llevarnos más allá de lo planeado por nosotros mismos y quiere darnos mejor visión de la que proyecta un mundo sin Dios. Nuestro Dios y padre, nos liberta de todo lo que nos impide avanzar. Él nos ayudará siempre, sin quitarnos responsabilidad de continuar libres.

No compremos cadenas, si ya fuimos liberados.

Es nuestra responsabilidad proyectar y vivir una vida saludable en todos los sentidos. Donde sea que nos toque vivir, debemos ser disciplinados, tener buenos modales y respectar a los demás.

Este libro es una invitación directa para dejarnos levantar todas las limitaciones que nos impiden fortalecer nuestra vida cada día. Con él te invitamos a pasar más tiempo escudriñando Las Sagradas Escrituras, la cual nos ayuda a ver a Jesús en acción, en medio de la tormenta. A través de ella te darás cuenta de que mientras más tiempo pasamos con Jesús más nos pareceremos a Él.

2 Corintios 4:18 No mirando nosotros las cosas que se ven, sino las que no se ven; pues las que se ven son temporales, pero las que no se ven son eternas.

Dios quiere que no comprometamos nuestra dignidad. Nos prohíbe hacer negociaciones con el mal. Quiere que nos mantengamos en aprendizaje sin límites y que seamos capaces de llevar su palabra al mundo entero. Quiere que usemos sus herramientas y su coraza todo el tiempo. Anhela que esa sea nuestra vestidura perfecta, no con la vestidura de la hipocresía.

Reconociendo a Dios en todo podremos visualizar lo que otros no pueden ver y todo esto solo será a través de la llenura de su Espíritu Santo. Este libro es más que un simple libro es la verdad plasmada en un trozo de papel, sin Dios no somos nada.

Oración

Padre nuestro, que estas en los cielos, te pedimos que bendigas de manera especial a cada lector de este libro. Que pueda encontrar el camino a una relación personal contigo, al igual que haces con nosotros todos los días de nuestra vida. Te rogamos que ellos reconozcan que tú oh, Señor eres su creador, su padre y su todo. ayúdales a no mirar atrás, más bien que prosigan hasta la meta. ¡Amen!

CONTENIDO

DEDICACION

Dedicamos este libro a nuestros hijos Albert Steven, Angel y Katherine que con su amor y paciencia entendieron el llamado que Dios nos hizo. Respetando nuestro tiempo y hasta colaborando como parte del ministerio de Dios, a favor de terminar lo trazado. Extendemos esta dedicación también a todos los que al igual que nosotros, necesitan de Dios.

AGRADECIMIENTOS

Agradecemos a nuestro Señor y Salvador Jesucristo, por la oportunidad de habernos llamado al ministerio. A mis padres por haberme instruido en el Evangelio y todos los involucrados en nuestra educación cristiana. En especial a mi amado padre, Pastor Evilio Alcantara Aquino, a mi amada madre, Pastora Reina Perez De Alcantara y al Dr. Samuel Paul Lewis.

EL GRAN YO SOY

Soberano, Señor y Padre.

Dios es soberano, Él es el creador y no el creado. Es Señor nuestro y es Padre nuestro. ¿Como es posible vivir en un mundo que ha sacado a Dios de su corazón, llegando a consultar a los adivinos y hechiceros sobre el futuro? Donde Dios de ante mano ya diseñó mi vida. La vida es la primera razón, para estar agradecidos y saber que El existe. **Salmos 103** bendice alma mía, a Jehova y bendiga todo mi ser su Santo nombre.

¿Quién es tu Dios?_____.

Oh Jehova, Señor nuestro, ¡Cuan grande es tu nombre en la tierra! **Salmos 8: 9** dice: Los cielos cuenta la gloria de Dios, y el firmamento anuncia la obra de sus manos. **Salmos 19:1** Dios es dueño de la Patria Celestial. El Cielo Nuevo y la Tierra Nueva que nos espera a los que guardamos su Santa Palabra, es real y la biblia dice en **Apocalipsis 21** vi un cielo y una tierra nueva, porque el primer cielo y la primera tierra pasaron, y el mar no existía más.

1

Fuimos creados por Él.

La biblia dice en **Genesis 1:27** Y creó al hombre a su imagen. Hombre y mujer los creó. Dios le dio una guía a Adán, la cual debió cuidar, y aunque este la rompió, la tuvo. Entrando en persuasión su mujer a través de la serpiente, y Adán en desobediencia dejándose guiar por la seductora voz de su mujer, quebraron la guía y aun así, Dios les siguió dando la oportunidad de ser sus hijos. Como Padre y creador, les da la oportunidad de reivindicarse.

La Biblia habla dice en **Deuteronomio 5** que Dios le dio los mandamientos a Moisés y le hizo saber esto para que el hombre los guarde en la tabla de su corazón, lo aprendiera y lo pusiera por obra. Moises llamó a todos para hacerles saber que esto no fue un pacto con los muertos, sino con los que estaban vivos. En los versos 2 y 3 Moises le dice; Jehova, nuestro Dios hizo pacto con nosotros todos los que estamos aquí hoy vivos. Aclarando, que no fue con los muertos, esto nos enseña hoy, que Dios se preocupa por los que estamos aquí y ahora. Dios es nuestro Señor y no debemos hacer pactos con los brujos y hechiceros. Tan pronto damos entrada a estas prácticas en nuestra vida, estamos sacando a Dios del centro de ella.

Génesis nos enseña que la tierra fue creada por Dios y sin defectos. Llena de virtudes y con propósito. El jardín del Edén fue fructífero y hermoso. Para nuestro Dios su creación tenía y sigue teniendo mucho valor. El hombre podrá sacar a Dios de su corazón y de sus desiciones, pero jamás se librará de su ojo. Dios lo creó y Él sustenta.

El mismo Salmista David se expresa en **Salmos 138: 6-8** y dice: Porque Jehova es excelso, y atiende al humilde, más al altivo mira de lejos. Si anduviera yo en medio de la angustia, tú me vivificaras; contra la ira de mis enemigos extenderás tu mano, y me salvara tu diestra. **Jehova cumplirá su propósito en mí**; Tu misericordia, oh Jehova, es para siempre; No desampares la obra de tus manos.

Dios nos ha dado la vida y una línea que seguir y debemos estar eternamente agradecidos por ello. Este Salmo es una fuente valiosa para reconocer el amor de Dios por su creación. Aunque Dios es alto y sublime, mira y cuida a los humildes; jamás dejaría abatido al pecador, aún a los

altivos los mira. ¿Como puede la humanidad
librarse del ojo hermoso de Dios? Él quiere
cuidarte y reivindicarte, aunque andes en medio
de tormentas y problemas, jamás te abandonará
e irá en tu ayuda el día de tu socorro. Un SOS
que solo Dios levantara.

Estamos consternados con toda la maldad y la
violencia que está pasando en esta época, más no
sorprendidos. Vemos como sacan a Dios de todo
cada día. Algunas épocas pasadas vivían una vida
parecida a la de hoy. Sin respeto a su creador ni a
los Rollos, donde estaban establecidas sus
palabras y hoy le llamamos Santa Biblia. En esas
épocas también vivían una vida de adivinación.
consultaban a los dioses paganos, sea por
ignorancia o por decisión. Daban riendas sueltas
a una vida sexual descontrolada e inmoral. Solo
cumplían con dejar descendientes y por lo
demás, no había compromiso moral ni espiritual.
Una sociedad permisiva al pecado y abusiva del
amor de su creador.

En el segundo tiempo, era parecido o igual. En el
Nuevo Testamento **Hechos 17: 16-34** allí,
también vemos como Pablo observa en Atenas,
la ciudad entregada a la idolatría y al mal

comportamiento. Mas donde está el hombre que le sirve a Dios, siempre hablara de su amor y su misericordia. Allí estaba Pablo reconociendo entre todos los dioses al creador y Dios verdadero. Ellos mismos lo colocaron entre sus dioses, no pudieron librarse de su presencia. Mas Pablo fue sabio al dirigirse a ellos y les dice; varones atenienses en todo observo que son muy religiosos; porque pasando y mirando vuestro santuario, halle también un altar en el cual estaba esta inscripción: **AL DIOS DESCONOCIDO.** A ese Dios que vosotros adoráis sin conocerle, es a quien yo os anuncio. Y siguió detallando de una manera sabia y maravillosa; **El Dios que hizo el mundo** y todas las cosas que hay, siendo Señor del Cielo y de la tierra, no habita en templos hechos por manos humanas, ni es honrado por manos de hombres, como si necesitase de algo; pues Él es quien da a todos vida y aliento. De una sangre ha hecho todo el linaje de los hombres, para que habiten sobre la faz de la tierra; y les ha prefijado el orden de los tiempos, y los linajes de su habitación; para que le busquen si en alguna manera, palpando, puedan hallarle, aunque ciertamente no está lejos de cada uno de nosotros. **Linaje suyo somos.**

Cuando el ser humano se ve en desesperanza, cuando al caminar cae en tierra movediza y ve que trata de salir y se hunde más; es cuando comienza a gritar; Señor Dios, ¡sáqueme de aquí!

El mundo nunca podrá escapar de su creador. Así como Pablo observo todo esto en esa época, así lo observa el hombre de Dios hoy. Reconocemos que es de mal en peor que el mundo corre, pero nosotros caminamos con el que da vida y sabiduría. Usando estos recursos debemos seguir hablando de ese Dios, Padre, Creador y Restaurador al mundo entero, comenzando por nuestra familia y vecinos.

Reconociendo que las épocas cambian; ¿que ves diferente en esta? ¿Cómo estamos viviendo hoy?

_____.

Pero de algo estamos seguros y es que Dios se preocupa por nosotros y nos ama. Una vida inmoral y los pensamientos maquiavélicos cambian al momento que le reconocemos como nuestro Dios, y comenzamos a vivir como él siempre quiso.

Reconocerle como padre perfecto y creador, nos hace visualizar un presente y futuro de amor.

La mente humana no puede entender sobre ese gran amor de nuestro Padre Celestial por su creación. **Salmos 8: 3-5** dice: Cuando veo tus Cielos, obra de Tus dedos, la Luna y las Estrellas que tú formaste, Digo: ¿Qué es el hombre, para que tengas de el de memoria, y el hijo del hombre, para que lo visites? Le has hecho poco menor que los ángeles, y lo coronaste de gloria y de honra.

El mundo sigue siendo el mismo desde la caída en el Edén. Una desobediencia que trajo consecuencias. Muchos dicen que el mundo está peor hoy, pero quizás el mundo está igual desde esa caída. El avance de la tecnología y la multiplicación del número de personas sólo ha hecho que este camine más rápido, como **caballo desbocado**.

El mismo Jesús dijo: como en los días de Noe, así será en la venida del hijo del hombre. En el **capítulo 6 verso 5 de Genesis** hallamos una descripción grafica del tiempo de Noe. El mismo Dios vio que la maldad de los hombres era grande sobre la tierra y que toda imaginación de ellos era solo la continuación del mal; mal sin interrupción. Así era entonces y así es hoy día. El pecado es popularizado, arrojado a los oídos del mundo a través de las diferentes plataformas. Radio, televisión, revistas, Facebook, Instagram, Snapchat, y muchos más. Muchos destilan sus venenos a través de la tecnología y otros destilamos el amor de Dios. Un grupo prefiere promover las cosas que deleitan los deseos pecaminosos, cuyo objetivo es destruir la mente bella y brillante de nuestros hijos, y esta promoción de iniquidad corre y se esparce por todo el mundo y los corazones se llenan de hielo.

Muchos optan por censurar las cosas que promueven educación, respeto, amor, confianza, sanidad de Espíritu y reconstrucción del alma, para darle paso a las que pervierten; las cuales niegan a Dios como **Creador, Señor y Padre nuestro.**

Algunos predicadores vacíos, sin ser guiados por El Espíritu Santo, porque no tienen una relacion personal con El, sino consigo mismos, están asistiendo a personas que realmente necesitan ayuda. Dios no puede ser burlado jamás. Detengamos esas prácticas ilusionistas, que no son más que trucos y habilidades para darle paso al Espíritu de Dios, que es real y verdadero. ¡No alienta, El sana!

Algunos en la congregación se retiran de los servicios de la misma manera que entraron, cansados de escuchar el mismo ruido, palabras sin sentido, sin visión y sin pasión. Un mundo con vendajes dentro y fuera de la iglesia. Así, como Moisés no podía dejar de ver la zarza ardiente, así el mundo no puede dejar de sentir un corazón que arde por Dios.

Las personas enfrentamos grandes desafíos y estos nos empujan a tomar decisiones todos los días. La flaqueza, debilidad o insensatez, como usted le quiera llamar, surge cuando el hombre decide no seguir el plan de Dios.

El plan de Dios está hecho, sólo debemos agregarnos a él.

Muchos optan por lo malo y dar riendas sueltas a su libre albedrío, el cual temprano o más tarde, lo llevará de cabeza o de pie al abismo. Cuanto más se hable de Dios en el Pulpito, menos almas tendrá el infierno. Mientras más obediencia ejerza un hijo rebelde, menos probabilidad de ir a prisión tiene. Nosotros debemos ser nuevos cada día y traer el mensaje de salvación a los demás. Juan en **Mateo 3** decía; Arrepentíos y hoy nosotros debemos de seguir ese legado de amor por las almas. ¡Arrepentíos!

¡Dios pelea por nosotros! Él sabe que agarrados de su mano podremos ser salvos y que fuera de Él, nada podríamos hacer. A pesar de todo nos sigue cuidando como su creación.

Dios nos levanta las limitaciones, en otras palabras; nos ayuda a vivir una vida productiva y plena. Todo esto sin quitarnos la responsabilidad de mantenerla. Dios promete amarnos, perdonarnos y cumplir sus promesas. La única manera para disfrutar los beneficios de esas promesas es amarle y obedecerle. **Una regla de oro como la de todo padre.** Recuerdo a mi mami castigándome con no televisión, no juegos, no muñecas y no salir, todo por comportarme mal. Yo corría hacia mi papi para que me ayudara, más él siempre decía: te amamos y te perdonamos mi prenda preciosa, pero....rompiste la regla de oro del hogar y esta es la consecuencia. Me abrazaba y me decía no lo vuelvas a hacer.

Nota

Toda desobediencia traerá su consecuencia y nadie más que el desobediente será el culpable.

En Dios encontraremos la paz y el sentido de la vida. La biblia dice en **Isaías 57: 21** No hay paz, dijo mi Dios para los impíos. (los que caminan sin piedad alguna) Más para los que se refugian en Jehova, dice Jesús en **Juan 14:27** La Paz os dejo, mi paz os doy; no la doy como el mundo la da. No se turbe vuestro corazón, ni tenga miedo.

Dios continua en la búsqueda de personas que lo sigan y le obedezcan. Busca hombres y mujeres dispuestos a proclamar la verdad y el amor a todas las naciones. Debemos ser fieles en cumplir con la misión que Dios nos ha encomendado. Sin hipocresía, ni falsedad. ¡Dios todo lo ve!

Mucho escucho decir que Dios tiene la última palabra, pero me atrevo a decir; que como soberano, **Dios tiene la única palabra y está escrita.** Nosotros sólo debemos obedecerla. Esto implica que cualquier cosa, que nosotros vallamos hacer, aunque nos parezca mínima, debemos llevarlo a su presencia. Él como Padre Perfecto que es y nos conoce desde antes de nosotros nacer y como dueño de las agendas y del tiempo, tomará la mejor decisión para nosotros. La Biblia dice en **Jeremías 1:5** Te conocía aún antes de haberte formado en el vientre de tu madre.

Observa, lee y medita en lo que Dios dice a Moises en **Éxodo 33: 14 Mi presencia ira contigo, y te daré descanso.** Dios es omnipotente y omnipresente, no necesita de nadie para hacer y estar. El tampoco necesita cónsules para admitirte o rechazarte, ni jueces para declararte culpable o inocente. Dios es poderoso, inagotable y sin límites. Juez de jueces y Señor de señores. Todo lo sabe y todo lo ve, es la razón que debes confiar en El y llevarle todas tus inseguridades y permitirle quitar esas limitaciones de ti, las cuales te impiden ver su gloria en todo lo que hace por ti y por los tuyos. Aunque es soberano, es caballero y te dará la oportunidad de dejarte guiar y cuidar; esto quiere decir, que está en nosotros pedir la ayuda y esta llegará a tiempo. **Juan** en el **capítulo 6** habla de cómo Pedro responde a la pregunta de Jesús. El hace esta pregunta porque muchos de sus discípulos se fueron y no andaban con El, entonces Jesús le dijo; ¿Queréis acaso iros también vosotros? le respondió Simón Pedro: Señor, ¿a quién iremos? Tú tienes palabras de vida eterna. [69] Y nosotros hemos creído y conocido que tú eres el Cristo, el Hijo del **Dios viviente.**

Y Moisés en **Éxodo 33;15 sigue** conversando con Dios y le dice; **si tu presencia no ha de ir conmigo, no nos saques de aquí.**

Nota

Mientras estemos aquí en la tierra, estamos expuestos a los ataques del enemigo, a las flaquezas y al estrés, por lo tanto, seremos dependientes de Dios en todo. Como todo hijo pequeño es dependiente de su padre terrenal, así debemos ser dependientes de nuestro Padre Celestial, si es que nos consideramos ser sus niños.

Esta conversación nos nuestra que Moisés no se sentía seguro sin Dios y que tenía la plena confianza en su Padre Celestial como su Levantador de Limitaciones por Excelencia. Sin Dios nada termina bien y Moisés lo sabía.

También la conversación de Pedro con Jesús nos ayuda a reconocer que Dios es viviente. Él no quiere vernos desamparados, pero nos permite elegir. Es nuestro deber querer estar cerca de Dios y sentir esa protección que nadie nos puede dar jamás. **Negar a Dios es de ignorantes.** Con tan sólo mirarnos a nosotros mismos, la perfecta creación de Él, conocer cómo funciona el cuerpo humano; el proceso maravilloso de nuestro cuerpo y la guía de nuestro organismo. La sabiduría dada a los médicos, ayudada por sus maestros, que también fueron capacitados para explotarla esa sabiduría a lo máximo, con una mente abierta al aprendizaje; los cuales saben que hay alguien superior a ellos, aunque un grupito no lo admitan en público. Al observar la gran naturaleza; las Lumbreras, las expansiones del agua y todo creado en orden, nos damos cuenta de que sólo una mente infinita, pudo crear toda esta belleza y no la auto creación.

Para Moises Dios lo era todo. Este hombre tenía un corazón **humilde, benevolente y agradecido**, cualidades que lo hacía más amigo de Dios cada día. Algunos dirán, este hermano o hermana no era así y comenzaran a hablar del pasado de ellos, pero lee esto, aquí y ahora:

Aunque Moises no siempre tubo esas cualidades; hubo un tiempo de su vida que cargo un pasado que lo atormentaba (hago está parada, para que nadie deje de buscar a Dios por tener un pasado gris o confuso, ya perdonado), pero Moises no fue detenido por su pasado. Este hombre ya había sido perdonado y restaurado. Rendir su corazón en arrepentimiento a Dios lo haría extraordinario. Dios quiere que nos rindamos a Él, y como Padre Perfecto que es, cuidara de nosotros.

Dios te invita a que le abras la puerta de tu corazón y a dejarte transformar por El. Jehova Dios, es el único que transformará tu pasado gris. El único que conoce tus pecados ocultos y los saca de tu lista y los cambia por perdon y nueva vida.

Moises en **Éxodo 2:12** cuando este mirando a todas partes y viendo que nadie lo veía, mato a un egipcio y lo enterró en la arena. Acto que cometió para defender a uno de los hebreos, que estaba siendo atacado por el egipcio. Mas este acto jamás fue justificado por nuestro Dios. Moises pensando que ojo humano no le veía, **Pero ¿dónde estaba el ojo de Dios?** Moisés se arrepintió de sus malos actos y se sumergió en Dios. Nuestro Dios que todo lo hace perfecto, le perdonó y Transformando el mal carácter de este, le saco del lodo fangoso y lo hizo florecer por encima de las circunstancias. Y aquellos que le acusaban se alejaron.

Dios quiere mostrarte su gloria siempre. El amor de nuestro Padre se eleva a lo sobre natural y su gracia nos arropa, llegando por medio de la fe y la convicción del sacrifico que hizo Jesús por la humanidad. Aunque no quieras ser partícipe de su gloria, eres su creación, y a través de Jesús eres hijo reconciliado. Aclaro (muchos se hicieron pródigos y otros se dejaron adoptar por el "otro" pero el "otro" no crea nada, sólo rompe, roba y mata. **¡Dios Padre Todo Poderoso da vida!**

Recuerdo a mi abuelito dándonos buenos consejos cuando éramos adolescentes y nos decía; sus padres les criaron correctamente, con buenos modales y bajo la palabra de Dios; lo cual estoy muy orgulloso de ellos. Pero si de ahora en adelante, ustedes adoptan otro comportamiento que los desvíe del buen camino, aun ellos les perdonen, las consecuencias a sufrir no serán culpa de ellos, sino decisión de ustedes. Aunque al principio no entendíamos el lenguaje de mi abuelito, hoy sí lo entendemos. ¡Amo esas sabias palabras de advertencias de mi abuelo! Mejor es mantenernos en las buenas costumbres, que descarrilarnos por caminos de muerte. Pero, si has tomado este último camino, hay esperanza para ti antes de ver la muerte. Dios siempre quiere restaurarnos. ¡Ven a El!

La magnifica gloria de nuestro Padre Celestial no puede ser cubierta con un mantel o escondida por ninguno de nosotros. Su luz brillante saldrá y descubrirá su verdadero esplendor. ¿Recuerdan a Moisés, en **Éxodo 34: 29-33** después de bajar del Monte Sinaí llevando las dos Tablas de Ley? No se dio cuenta que su cara resplandecía por haber hablado con Dios, nuestro Señor y creador. Pero esa luz resplandeciente no pudo ser ignorada por sus compañeros. Así resplandecerás tú, cuando reconozcas que no saliste de la nada, que no eres un accidente de la naturaleza, que eres creación divina y que Jehova es tu Padre. **Dios es creador y Padre, existirá siempre.**

¿Quién es tu padre?

_____.

Si eres pródigo y quieres volver a casa, Jehova Dios, te recibirá con honores. Su perdón es genuino y su gracia es gratuita. Aquella gracia que comenzó en el mismo jardín de Edén, despues que Adán y Eva pecaron y Dios decidió perdonarles en vez de matarlos. Ven a Él hoy, Dios te recibirá. ¡Habrá fiesta en los cielos por tu reconciliación!

La Biblia habla en **Lucas 15** sobre el hijo que abandonó su casa y su parentela. Gasto todo lo que su padre le había dado y cuando se dio cuenta de lo que había hecho, se arrepintió Y dijo: Me levantaré e iré a mi padre, y le diré: **Padre he pecado contra el cielo y ante ti**; ya no soy digno de ser llamado hijo tuyo; hazme como a uno de tus jornaleros. Y levantándose, fue a su padre. Y cuando todavía estaba lejos, su padre lo vio, sintió compasión por él, y corrió, se echó sobre su cuello y lo besó. Si este padre natural recibió a su hijo con amor y fiesta, cuanto más Dios que quiere redimirte siempre, Él es Padre perfecto y espera por ti siempre.

Dios siguió conversando con Moises, llevándolo hacia una vida restauradora. Moises había rendido su corazón al omnipotente, y como tal, Dios lo gratificó. No obstante, a eso; lo entro al propósito, por el cual fue salvado de las aguas; lo instruyó, guio y cuidó. Dios quiere que rindamos nuestro corazón a Él y nos dejemos cuidar.

En el momento más desesperante cuando sabes que tienes una responsabilidad de cuidar un pueblo hasta llevarlo a su destino sin fracasar y reconociendo que tienes muchas limitaciones, es cuando volteas y miras a los cuatro costados y buscas un levantador de las tuyas y no lo encuentras. Es difícil encontrar alguien dispuesto para ayudarte a cargar con una maleta pesada. **Más Dios muestra su amor por su creación y sale en defensa del alma que no olvida ninguno sus beneficios**.

Moises, el hombre que fue salvado de las aguas, cuando era un bebé, estaba permitiendo que su Padre Celestial le guíe a su propósito y entendía que sin Dios no podría estar seguro.

Dios quiere que sepas que estas aquí por un propósito. El siempre estará ahí contigo si le permites. Quiere que no olvidemos que es un

Padre Todo Poderoso que no cambia. Es fortaleza y restaurador. Dios es fiel, aun teniendo infieles en su redil. Quiere que entendamos que desde la eternidad fundó la tierra y que los cielos son sus obras. Que somos sus hijos y tiene planes de bien para todos nosotros. La Biblia dice en **Jeremías 29:11** Porque yo sé los planes que tengo para ustedes afirma el Señor planes de bienestar y no de calamidad, a fin de darles un futuro y una esperanza.

¿Has anhelado ver tu propósito cumplirse?

_____.

¿Cuán cerca estas de Dios, y que es estar cerca para ti?

_____.

Un Dios y Padre accesible

Parte de lo que ha hecho conmigo.
En 1989; yo estaba cursando mi bachillerato y me enferme. Mi mami me llevó al Doctor para

ser tratada por un dolor de cabeza y perdida del equilibrio. Siempre tenía náuseas y me desmayaba. Mi doctor, de apellido Rojas me envió a hacer los exámenes correspondientes y el diagnóstico no fue alentador. Señora Reyna, dijo mi doctor; su niña tiene un tumor y debemos operar lo más rápido posible. Mandaré a realizar unos exámenes más y luego la ingresaremos. Ese es el momento en que una madre escucha algo así, y naturalmente se desploma y pierde el control. **Esto no pasó con mi madre**. Ella, lo miró y le dijo: Jehova Dios me la dio y sabe lo que hace. Pero, yo, confío plenamente en mi Señor, sé que El me dio una promesa con esta niña y me dijo; que mi hija sería luz, guía y ayuda para nosotros y muchos más. Que su papi y yo, la veríamos predicando su palabra en las Naciones, y que ella traería alegría a la familia.

Nota.

No sé si ellos están alegres por mí, pero yo sí lo estoy. ¡Bueno es Dios!

Y mi madre continuó diciendo; sé que usted, es un excelente médico y confío en su equipo de asistentes, pero, Dios operará antes que ustedes. Yo veré el propósito de Dios cumplido en mi niña.

Mi mami no se quedó quieta. Tan pronto llegó a casa, llamó al hermano Domingo De Mata Carela, Diácono principal de la iglesia, y armó el ¡equipo de guerreros de oración! Orando a mí favor, con llantos y ruegos. Yo estuve presente la primera reunión de oración, en las otras no, por lo tanto, no recuerdo mucho todos los detalles. ¡Sólo sé que Dios obró! días antes de ser operada.

El último examen, y cuando digo el último, me refiero a que todo pasó en menos de dos semanas. Este examen, registró que el tumor se había reducido casi como del tamaño de un palillo de dientes, sin haber tomado ni un medicamento previo. ¡Aleluya, Dios lo hizo!

El tumor del tamaño de un palillo de dientes estuvo presente un tiempo, sin causarme daños, quizás para dar testimonio a los incrédulos que nos rodeaban. Tiempo después desapareció.

Yo siempre digo, Dios es fiel y cumple sus promesas. Me ama, aún con mis imperfecciones y levanta mis limitaciones todos los días. Rindo mi vida y mi carácter a Él y le pido ayuda siempre en mis debilidades. Doy gracias por su misericordia. ¡Gracias Padre amado! **Salmos 19:14** Sean gratos los dichos de mi boca y la meditación de mi corazón delante de ti, oh Jehova, roca mía, y redentor mío.

Mi alma nunca olvida tus beneficios. Siempre te alabaré, no por lo que has hecho en mí, sino por quién eres . ¡Mi Creador, Señor y Padre perfecto!

Mostrar gratitud a nuestro Padre y Señor Jehova Dios Todo Poderoso es un deber. Siempre le doy gracias por lo que hace en mí y por los míos y por lo que seguirá haciendo. **Mi vida es de Él.**

Isaías 58:11 En el momento más necesitado de nuestra vida ahí está Dios. Nos multiplica las fuerzas y renueva nuestra alma. Quita el yugo y

el dolor y bendice a los quebrantados. Él nos
pastoreará siempre.

Jesús

Al hablar de Levantador de Limitaciones, jamás podremos pasar por alto al más Grande y Extraordinario Levantador Jesús, que desde su principio y hasta su final en la tierra fue y sigue siendo nuestro Levantador por excelencia. Aún desde su ascensión, continúa levantando nuestras limitaciones, debilitando a nuestro enemigo, para que nuestra fuerza sea mayor, cada segundo, cada minuto y cada hora.

Estamos viviendo en momentos difíciles y complicados donde las personas se auto denominan influencer, profetas, ministros, maestros y evangelistas. Entre otras cosas. Y sólo escuchamos en sus mensajes hablar de ellos. No es tan diferente que en las épocas pasadas, pero el mundo está más concurrido y se ha multiplicado la maldad.

La Biblia dice en **Efesios 5:6** Nadie os engañe con palabras vanas, porque por estas cosas viene la ira de Dios sobre los hijos de desobediencia.

Muchos desarrollan temas espectaculares, importantes y palabras bellas, pero el Evangelio de nuestro Señor Jesucristo muy pocas veces se escucha en sus mensajes. **Este mismo que se despojó de su deidad, tomando forma de hombre y desbordando su amor y misericordia, para restaurar nuestra vida espiritual y darle nueva forma, después de la desobediencia en el Edén.** Cuando digo nueva forma, **esto no significa a la manera nuestra, ni a la amanera del mundo natural, sino a la manera de nuestro Creador Jehova Dios todo Poderoso y Padre Nuestro.**

Cuando Jesús terminó su tiempo y su misión de cuerpo presente en la tierra (segundo Tiempo): No nos dejó solos, sino que al instante de marcharse nos dejó un paracleto y consejero llamado Espíritu Santo, el cual sigue hoy, (tercer tiempo) para capacitarnos y darnos fuerzas. Cargando nuestras limitaciones para permitirnos continuar y vencer. El Espíritu Santo consuela nuestros corazones. Él no satisface los deseos de la carne.

La Biblia dice en **Juan 14;16-17** y yo rogaré al padre, y os dará otro consolador (levantador), para que esté con ustedes para siempre: y el Espíritu de verdad, al cual el mundo (el que practica el pecado) no puede recibir, porque no le ven, ni le conocen; pero ustedes le conocen.

¿Y usted le conoce?

_____.

¿Cómo puede un líder cuidar y guiar un pueblo, si estos hacen lo que les da la gana, caminando y actuando como quieren?

_____.

Durante su ministerio terrenal, El gran levantador de limitaciones, Jesús; guio, guardó y enseñó a sus discípulos, cómo vivir en un mundo descarriado y controlado por lo malo. Les enseñó a no olvidar quién es su creador, Dios y Padre. Les mostró con su propio ejemplo que, respetando los mandamientos, los preceptos de Dios y reconociendo su voz, sería la única manera de sobrevivir en este mundo que ha negado su existencia.

Hemos escuchado a personas decir ¿si no son de este mundo qué hacen aquí?

Cuando el Señor hablaba del mundo, se refería y se refiere al mundo controlado por las cosas que nos apartan de Dios. Todos los malos deseos nos apartan de Él. La Biblia dice en **Isaías 30:1** Hay de los hijos que se apartan, dice Jehova, para tomar consejo, y no de mí Espíritu, añadiendo pecado a pecado.

Mi abuela Carmela Caro decía; cada cabeza es un mundo, por lo tanto, cada uno decide hacer lo que quiere y no lo que Dios dice; es la razón que vivimos en caos. Hoy tres décadas despues podemos ver realmente lo que ella decía, vivimos en caos, todo por ignorar la verdadera cabeza.

1 Juan 2:15-17 No amen al mundo ni nada de lo que hay en él. Si alguien ama al mundo (el mundo controlado por lo malo), no tiene el amor del Padre.

Porque nada de lo que hay en el mundo, los **malos deseos** del cuerpo, la **codicia** de los ojos y **la arrogancia** de la vida, nada de esto proviene del Padre, sino del mundo. (Un mundo controlado por el mal), porque se volcaron contra su Creador y Padre. El mundo se acaba con sus malos deseos, pero el que hace la voluntad de Dios permanece para siempre.

Jesús levantó todas las limitaciones que nos impedían avanzar y crecer. Nos dice que nos ama, nos da Consuelo, nos recuerda su poder y nos da paz. Nos dice que venceremos las aflicciones de este mundo, que sólo tenemos que confiar en El.

¿Quién es Jesús?

_____.

Para todo ser humano es muy importante saber quién es Jesús realmente. Muchos han blasfemado tratando de dar una identidad al Autor De La Salvacion. Unos dicen que fue sólo un profeta, otros dicen que fue el primer ser creado e hizo una aparición momentánea en la tierra, unos dicen que es otro Dios porque el posterior se equivocó. Otros dicen que es el nuevo Dios porque el primero murió y muchos le llaman político, comunista y hasta se atrevieron a mostrarlo en una película como un ser aberrado y así, escuchamos diferentes opiniones sobre la identidad de nuestro Señor y Salvador.

Pero la realidad es que **Jesús** tiene identidad propia y nadie puede cambiarla. **Él es y será siempre nuestro Redentor** despues de la caída. Él es la única y perfecta oportunidad de **salvación en un mundo desbocado y sin conciencia. El único que perdona pecados.**

El apóstol Pablo en la carta a los **Colosenses capitulo 1:15-20,** nos habla diciendo que nuestro Señor Jesús es la imagen del Dios invisible. (fotografía). **15** Él es la imagen del Dios invisible, el primogénito de toda creación. **16** Porque en él fueron creadas todas las cosas, las que hay en los cielos y las que hay en la tierra, visibles e invisibles; sean tronos, sean dominios, sean principados, sean potestades; todo fue creado por medio de Él y para El. **17 Y** Él es antes de todas las cosas, y todas las cosas en él subsisten; **18** y Él es la cabeza del cuerpo que es la iglesia, el que es el principio, el primogénito de entre los muertos, para que en todo tenga la preeminencia; **19** por cuanto agradó al Padre que en El habitase toda plenitud, **20** y por medio de El reconciliar consigo todas las cosas, así las que están en la tierra como las que están en los cielos, haciendo la paz mediante la sangre de su cruz.

En otros libros del nuevo Testamento dicen, que Jesús es el camino al Padre, la Luz en el mundo, la verdad, la Vida, El Alfa y Omega, Principio y Fin, Rey de reyes y Señor de señores.

La Biblia dice en **Juan 1:14** Y el verbo se hizo carne y habitó entre nosotros, y vimos su gloria como del unigénito del Padre, lleno de gracia y de verdad. Aquí está bien claro quién es ese verbo. Leamos en **Juan 1:1** En el principio era el verbo, y el verbo **estaba con Dios**, y **el verbo era Dios.**

El Antiguo Testamento concluyó con los profetas de Dios que predicen (profetizan) la venida del Ungido, que entraría a la historia para traer la redención y liberación de su pueblo en todo el ámbito espiritual. Unos 400 años después, (el libro de Mateo) Nuevo Testamento revela el cumplimiento de estas profecías. El Mesías esperado, llegó **Jesús, nuestro Gran Levantador De Limitaciones**, una oportunidad para redimir los pecados en ese tiempo y una gran oportunidad en este tiempo de arrepentimiento para salvacion, donde **el** mundo anda en las mismas, a lo malo le llaman bueno y a lo bueno malo.

Oración

Rogamos a nuestro Dios, Padre Poderoso, que nos ayude a mantener las buenas costumbres que nos dejó nuestro Salvador y Redentor Jesús a pesar de las amenazas de la vida y el crecimiento de la tecnología, la cual, en vez de ayudarnos a avanzar, a muchos idiotiza. Te lo pedimos para salvación de nuestras almas. Amen.

¡Proyecta a Jesús en todo!

La biblia dice; **hebreos 12;2 Puestos los ojos en Jesús, El Autor y Consumador de la Fe,** quién por el gozo puesto delante de El soportó la cruz, menospreciando el oprobio, y se ha sentado en la diestra de Dios. El término **autor,** contiene gran riqueza sistemática (griego clásico) se refiere a alguien que tiene prominencia. Puede ser fundador, guardián, superior y pionero.

Jesús es el eterno hijo de Dios, su personalidad es eterna sin comienzo ni fin.

Es Dios, como el Padre es Dios, y el Espíritu Santo es Dios. (Un Dios trino)

En su designación en la tierra, llegó a ser completamente un hombre; con necesidades fisiológicas, sufrió, padeció, se entristeció, lloró y se enojó. Amo y perdonó; y aún sigue perdonando y amando. **El verbo, hacer no se conjuga en pasado y permanece ahí, cuando se trata de Jesucristo.** El sigue haciendo cosas extraordinarias por nosotros. Sigue salvando, redimiendo y dando oportunidades. **El Gran Enmanuel, cuyo significado es Dios con nosotros.**

Hablar de Jesús es un desafío muy grande, porque quedaríamos cortos ante tanta eminencia. Ilustre Salvador y Redentor. Existe desde la eternidad, hasta la eternidad. El cantautor dominicano Raphy Colón, lo describe en **su canción Es tan sencillo**. Que, aun teniendo todos los recursos de su deidad, supo vivir humildemente en la tierra y todo lo hizo por nosotros.

Es sencillo, pero simple jamás, pues es extraordinario, Dios entre nosotros. Jesús dejó su deidad, para hacer su primera aparición en un pesebre siendo el dueño de la deidad, para habitar en este mundo desbocado y todo lo hizo por amor a nosotros. En sus hombros descansa el destino de la humanidad. Un destino de salvacion y vida eterna.

En **Juan 10:30** Jesús mismo habla de su deidad cuando dice, **El Padre y Yo uno somos**. El misterio de la piedad, el amor por nosotros es grande e infinito, que Dios fue manifestado en carne, justificado en el Espíritu, visto por los ángeles, predicó a los gentiles y caminó con los discípulos. Hasta los incrédulos cerca de Él, lo llamaron Señor y Dios mío. Nadie podrá jamás ignorar este sacrificio que Jesús hizo por nosotros.

Un Sacrificio, Fe genuina y Salvación.

Con su llegada, Jesús inició la Fe en un mundo incrédulo. Con su muerte hace una demostración insuperable de amor y con su resurrección perfecciona esa fe eternamente y para siempre.

Jesús en el camino a la Cruz nunca se rindió, tubo sed, se sintió desamparado, estaba destrozado por los golpes físicos, pero jamás declinó llegar a su meta. ¿Pudo haberlo hecho? Si, Él era el verbo hecho carne entre ellos. Aunque en su lucha como hombre exclamó en **Lucas 22:2** Padre pasa de mí estas aflicciones. El jamás se rindió por amor a nosotros.

En su condición humana, Jesús sufría agobio por todos los maltratos. Se sometió a ellos renunciando temporalmente a su deidad y todo por expiar nuestros pecados y cambiar nuestra identidad de culpables. Quedando nosotros todos absueltos de pecado y con acceso a vivir juntos en la Patria Celestial por toda la eternidad.

Un sacrificio que marca la diferencia entre nosotros hombres y Jesús hombre. Nunca seremos como El; pero si pudiéramos parecernos a Él. **Juan 3;16** Dice: Porque de tal manera amo Dios al mundo, que ha dado a su hijo unigénito, para que todo aquel que en El cree, no se pierda, más tenga vida eterna.

Murió, resucitó y volvió a su deidad. Y desde allá sigue obrando a favor de todos. Gracias, señor por dejarnos al Espíritu Santo como Paracleto, un Levantador que nos da la oportunidad de crecer y de ayudar a levantar a otros. Solo debemos sacrificar los malos deseos. Que son todas aquellas que contaminan el alma y que lo sacarían de nuestra vida.

¿Qué estás dispuesto a sacrificar por tu familia, para defenderles de caer en las garras de un mundo desbocado en el pecado, y que no tiene piedad, ni de los niños?

_____.

¿Como puedes guiar a tus hijos hacia la salvación?

_____.

Jesús dedicó tiempo a sus prioridades, y aun lo sigue haciendo. Dedica tiempo a los que amas, tu amor y sacrificio valdrán la pena. La biblia dice en **Proverbios 22:6** Instruye al niño en su camino, y aun cuando fuere viejo no se apartará de él.
Jesús no se cansa de cuidarnos, guiarnos y escucharnos.
No te canses de tus hijos; atrévete a seguir cuidándoles y guiándoles. Juega con ellos, lee para ellos y diviérte con ellos. Papa, mama pasa más tiempo con los que amas, si quieres que se

parezcan más a ti. Tu identidad es Cristo, la identidad de ellos también será Cristo. Sigue orando por ellos, aún sean adultos. ¡Ten fe y verás a Jesús en ellos!

Oración

Pedimos al Padre, que el modelo a seguir de nuestros hijos sea Jesús. Que prediquen su palabra a tiempo y fuera de tiempo. Que ganen almas para el reino. Que sus amigos sean aquellos que aman a Jesús. Que sepan identificar a los que realmente buscan el bien y la misericordia. Que aquellos que son respetuosos, agradables, ordenados, con identidad y buenas costumbres, sean los que les rodeen. Que jamás se corrompan sus buenas costumbres y que sean felices. Pedimos al Padre Celestial en el dulce nombre de nuestro Señor y Salvador Jesús. ¡Amen, y ven Señor Jesús!

LO QUE DIOS QUIERE PARA TI

El llamado de Dios siempre comienza con responsabilidad. Dios quiere que dediques tiempo a las prioridades, que seas libre, y que entiendas que es tu responsabilidad mantener esa libertad.

Muchas veces creemos que lo que nos quita la libertad es sólo infringir la ley terrenal. Tengo noticias para ti, Dios quiere que nosotros nos liberemos de todo lo que nos hace esclavos. Todo tipo de impedimentos que atenten contra nuestra salud física, espiritual, mental y moral. Dios quiere que destruyas los altares que te postran ante Baal. Él quiere, que no permitas que los juegos de azar sean el motivo de la destrucción familiar.

Nota

Recuerdo una hermosa familia, cuyo patriarca cayo en la seducción de los juegos de azares, cuyo vicio lo condujo a la perdida de todos sus bienes. Una decisión con consecuencias fatales que arrastro a sus hijos y a su esposa a la pobreza absoluta y condujo a parte de ellos a la depresión. Cuya enfermedad afecta niños, jóvenes y adultos, robándoles su libertad de vivir una vida plena. Esta termina causándoles la muerte a muchos. Cuida de la integridad de los tuyos. Dios es bueno y nada mejor que El existe en el mundo.

Él nos ofrece libertad sin limitarse ante humana circunstancias. Quiere que dediquemos tiempo en acción a despojarnos de lo que impide el fluir de una vida fructífera. Para lograr todo esto, serán imprescindibles la obediencia, decisión adecuada y resistencia. Estas no podrán dar frutos, si no nos tomamos de su mano. Dios nos ofrece su mano en todo, pero sin quitarnos responsabilidad.

Dios quiere que seamos esforzados y que actuemos de inmediato cuando vemos una necesidad. Él no nos manda a orar por pan cuando tenemos el pan en las manos, con el cual podemos suplir la necesidad de inmediato. Sólo debemos dar gracias. Dios nos manda a orar y esperar su dirección para ser guiados por Él, cuando no tenemos para cubrir esas necedades.

Debemos mantener esa fe de que El abrirá camino, sin nosotros dejar de ser diligentes. Dios siempre abrirá puertas que nadie podrá cerrar. ¡No te detengas!

Muchas veces escucho decir; es que no fue la voluntad de Dios; y analizando algunas historias en Las Sagradas Escrituras vemos; que cuando Dios te envía y tú no te esfuerzas, siempre buscarás excusas para decir que no era la voluntad de Dios. Su voluntad es que estés bien siempre. Él te ama y quiere que tengas victoria en todo el sentido de la palabra. ¡No temas! Siempre habrá riesgos en tu batalla, pero con fe en acción alcanzarás el objetivo. Usted y su familia serán bendecidos.

Me siento muy agradecida de Dios, por todas las bendiciones que nos ha dado. No poseemos riquezas materiales, pero Dios provee lo necesario. Ver como nuestros hijos se gradúan de la universidad y sin dejar ninguna deuda en el camino, es más que suficiente para nosotros. Mi esposo escucha la voz de Dios y acciona de inmediato. Esforzándose a suplir las necesidades de los suyos. Trabajando arduamente, como dice la Biblia; del sudor de tu frente te sostendrás.

Nuestra obediencia temprana, esfuerzo y arduo trabajo nos dan la satisfacción de ver los buenos resultados. Dios nos premia y nos sigue sorprendiendo con más día a día y todo porque Él toma en cuenta la obediencia temprana y una fe en acción. ¡Gracias Padre amado por tu amor y tu misericordia!

No hay tiempo para juzgar, ni para envidiar la vida prospera de los demás. Tenemos una responsabilidad con los nuestros y debemos levantar sus limitaciones haciendo frente a lo que impida el fluir de una vida floreciente. Dios quiere que trabajemos a favor de los nuestros. Como en el caso de Gedeón, sabemos que tuvo sus dudas como cualquier ser humano para liberar a su pueblo. Dudas que no tubo para saciar a los suyos. (su amada familia). Este hombre, después de escuchar la voz de Dios no tuvo más dudas. Solo se estaba asegurando de que Dios estaría con él, y dice la Biblia en **Jueces 6:16** Y Jehova dijo: Ciertamente yo estaré contigo, y derrotarás a los Madianitas como aun sólo hombre.

Lo más importante es que él activo algo que todos nosotros necesitamos hacer, un **oído** listo para escuchar la voz de Dios y una **fe en acción** para lanzarse a la batalla. Este hombre, después de escuchar la voz de Dios no tuvo más dudas. Gedeón fue mucho más valiente y decidido para saciar el hambre de los suyos, liberar a su pueblo de las opresiones del enemigo e incluso derribar el altar de Baal. Cuyo altar hoy en día muchos han levantado sin temor a Dios. Este es el momento preciso para derribarlo y rendirte a Dios.

¿Cuál es el Baal que te ha cautivado, haciéndote perder el tiempo en envidias y empobreciéndote cada día?

_____.

Recuerdan en **Jueces 6,** como el pueblo de Israel por volcarse contra Dios, cayeron en mano de los Madianitas por 7 años. Sufrieron necesidad de todas clases. (no estoy diciendo que ser pobres, es por haber fallado a Dios. Hablo de ser fiel a Dios en todo tiempo y derrumbar lo que nos aparte de Él). Tuvieron que hacer cuevas en los montes, cavernas y lugares fortificados, pues cada vez que Israel sembraba los madianitas y amalecitas subían y los atacaban. Destruyendo los frutos de la tierra y dejándolos sin nada para comer, ni ovejas, ni bueyes, ni asnos. De este modo empobrecía Israel.

Dios quiere que seamos fieles a su Santa Palabra, para que podamos ser librados de muchos acontecimientos de sufrimientos. Gedeón, ya vuelto un hombre entendido, valiente y esforzado. Conocía la necesidad de alimentos que sufría su familia, y no se sentó a **envidiar** a los que tenían posesiones, ni a **criticar** a Dios por tal cosa, sino que se lanzó a trabajar para saciar esa necesidad.

Dios no quiere que su descendencia mendigue pan, ni quiere ver a los justos desamparados. Dios quiere que accionemos y busquemos el modo de suplir a los nuestros. Jehova habla a Adán en **Génesis 3:19** y le dice: Te ganarás el pan con el sudor de tu frente, hasta que vuelvas a la misma tierra de donde fuiste sacado. Porque polvo eres y al polvo volverás.

Gedeón estaba trillando trigo en el lagar, para alimentar a su familia. (No estaba robando, ni envidiando a los que tenían pan). Este hombre arriesgó su vida desafiando a los madianitas. Él estuvo dispuesto asumir responsabilidad y no se quejó, sino que accionó y buscó la manera de suplir a los suyos. Cuando Dios ve que somos responsables, abrirá nuevas puertas y nos moverá a otro nivel, y no estoy hablando de los "niveles aquellos "qué separan comunidades en casi todo el mundo. Me refiero a una vida de fe en acción.

Muchas personas se quedan paralizados, por estar analizando demasiado o buscando pretextos para no trabajar y esto hace que permanezcan más tiempo en situaciones críticas.

¿Cuántas veces Dios te ayudó en el momento inesperado?

_____.

¿Cuánto has tenido que arriesgar para suplir a los tuyos?

_____.

¿Cuáles son los altares que tienes que derribar para llegar a ver el verdadero panorama que Dios tiene para ti?

_____.

Dios siempre recompensará nuestra **obediencia** temprana, cuestionarlo no es nuestro trabajo y mucho menos acusarlo. Si Él nos envió, su presencia nos acompañará. Cuando Dios te dice muévete, es porque tendrás resultados buenos. Muchos se quejarán porque esperan esos resultados rápidos y a su manera, pero a la manera de Dios siempre será mejor. La Biblia dice en **Isaías 55:11** Así será mi palabra que sale de mi boca; no volverá a mí vacía, sino que hará lo yo quiero, y será prosperada en aquello para que la envíe.

Para suplir cualquier necesidad que tengas debes tener fe en acción, obediencia y resistencia. Dios prometió que estaría con Gedeón, mientras este derrotaba a sus opresores. Este hombre tubo fe y vio los resultados. En tu lucha por alcanzar el objetivo los riesgos, siempre estarán asediando, y debes tomar la decisión adecuada para llegar con honor. Esa decisión será siempre la obediencia a Dios. Cuando Gedeón recibió la aprobación de que Dios estaría con él para pelear con los madianitas, este entró en acción y con fe se lanzó. Llevó a su gente al collado de More a la sombra del ejército de Median. allí Dios entregó a los enemigos de Israel en sus manos. Gedeón nunca hubiera triunfado, sino hubiera escuchado y obedecido a Dios. Tampoco su pueblo y su familia hubieran recibido esa bendición de ser libres.

Con la historia de Gedeón aprendemos que, si queremos levantar las limitaciones de los nuestros, debemos escuchar la voz Dios y tomar responsabilidad. Esta acción nos abrirá la puerta hacia las bendiciones que Dios tienen para todos nosotros, seremos promovidos y nuestro panorama actual será de paz, aun en medio de la peor tormenta.

Gedeón antes de ser llamado por Dios para levantar las limitaciones de su pueblo, era simplemente un hombre que sobrevivía a los acontecimientos. Era un gran hombre de familia, pero aún no extraordinario, ni era un guerreo de batallas, pero al instante que este tomó la decisión de oír la voz de Dios y accionar, se convirtió en un guerrero extraordinario.

Dios cambiará cualquier panorama gris en uno más colorido y serás promovido más allá de lo anhelado.

La biblia dice en **Isaías 55:12**

Porque con alegría saldréis, y con paz seréis vueltos; los montes y los collados levantarán canción de delante de vosotros, y todos los árboles del campo darán palmadas de aplauso.

EL GRAN DESAFIO

CONOCIENDO EL CAMINO HACIA LA LIBERTAD

Jesús, fue verdaderamente libre. Su libertad estaba arraigada en su conciencia espiritual, en el pleno conocimiento de saber qué era el hijo amado de Dios.

¿Cuál es la verdadera libertad que nosotros debemos vivir y pregonar hoy?

_____•

Muchos pregonan con voz potente que son libres, pero viven una vida vacía y sin propósito. No creen en Jesús y viven desechando La Palabra del Padre Celestial y todo lo que promueve libertad. Creen ser perfectos creyentes de la doctrina y su corazón a millas de distancia de la verdad de La palabra de nuestro Señor. El estado actual de estos lo delata. Su manera de proyectar a Dios es contradictoria. Le pasan por el lado a las personas y los ignoran. No dan saludos y mucho menos le brindan una sonrisa. No muestran sensibilidad al dolor ajeno y hasta publican ser creyentes de Jesús. Cuando vives lo que predicas, no habrá necesidad de buscar aprobación, ni de demostrarle nada a nadie. Cuando tienes a Jesús en tu corazón siempre te mostrarás tal y como Dios te ha diseñado. De la manera que hablas de esa misma manera caminas. Tu nuevo ser en Cristo hablará por sí solo.

Cómo es posible escuchar de la boca de un hombre que dice amar a Dios; ¿si no están de acuerdo conmigo y con mi forma de trabajar en el ministerio los exploto? .... En otras palabras, destruiré tu ministerio y tu vida. Seré tu verdugo. Esas palabras se escuchan a menudo de la boca de los hacedores de maldad, no deberíamos escucharlas de boca de aquellos que profesan ser creyentes. Esa fueron las palabras que nosotros escuchamos, hacen unos años atrás, de la persona que debía recibirnos con amor. Al instante nos dimos cuenta de que estábamos en el lugar equivocado y con un altanero y déspota, en vez de siervo. No les niego, que me sentí tentada de confrontarlo a la manera de Pedro; pero mi esposo me rescató y levantando mi limitación de paciencia en ese entonces, y respondiéndole a la manera de Cristo le dijo; ¿Cómo un hombre que promueve el amor de Dios tiene un lenguaje de odio, amenazando con destruir al que no hace su voluntad? ¿Creí, que seríamos un equipo de trabajo del reino de Dios, para ayudar a que las almas no se pierdan? Mi esposo siguió diciendo; pero no trabajaremos con usted con ese comportamiento. . ¿Nos permite orar antes de irnos? Y el hombre bajo su rostro y entro en silencio. Creo firmemente, que entendió lo que había dicho, aunque no lo admitió. Entonces oramos juntos. ¡Lo abrazamos y nos despedimos con un-Dios le bendiga!

¡Dios tenga misericordia!

Jesús vino a servir y no a ser servido.
Para muchos servir es una palabra humillante, pero servir es un verbo transitivo, que significa **ser apto o útil**. Estar capacitado para un propósito.

A libertar a los cautivos, no a oprimir.
Liberar otro verbo transitivo, dejar libre a una
persona de una carga, o una obligación.

A capacitarnos con la palabra del padre
no a competir.

Allanar el camino, no a ser tropiezo.
Otro verbo transitivo quitar obstáculos de un
camino. Hacer que una persona sea apta para
desenvolver roles y tener buen resultado.

Saber estas cosas básicas para sobrevivir en este
mundo, te dará la libertad para hablar y actuar
sin tener que complacer al mundo exigente de
perversidad en el cual vivimos.
Estos conocimientos y el tener la plena
seguridad de que era hijo de Dios, fue lo que le
dio el poder a Jesús de responder al sufrimiento
de la gente. **Jesús no recibió a nadie con
altanerías**, el solo quería que ellos reconocieran
que el estado actual de ellos no era digno de un
hijo de Dios y quería que se arrepintieran, puesto
que seguir de esa manera jamás le daría entrada
al Reino de los Cielos. El corazón de Jesús era
sensible y le dolía que estos se perdieran. El
entendía a que vino, exclusivamente a salvar.

Él estaba lleno de amor y ese amor lo dotaba de todas las virtudes para poder levantar las limitaciones de corazones vacíos en camino al abismo y liberarlos.

La Biblia dice en **Lucas 8:46** Toda la gente procuraba tocarlo porque salía de Él una fuerza que sanaba a todos. Recuerden que Jesús le llamo **virtud**. Dijo en una ocasión, cuando la mujer del flujo de sangre le tocó, de mí salió virtud. Ósea que debemos llenarnos de virtud, porque esta es la que proyecta vida y no muerte.

Es lamentable que de muchos no salga virtud, sino que reflejan al viejo hombre de inmediato. El cual solo proyecta destrucción y muerte. Se creen los apoderados del reino, con derechos de oprimir, humillar y cautivar; Características del diablo y no de Dios. Sin perfección aún, pero todos sabemos de qué material estamos llenos, si de falsedad o verdad. La hipocresía, crece y no para de crecer en el corazón de las personas que no se llenan de virtud. Jesús sabía de qué estos estaban llenos, se notaba en su comportamiento y se hacían llamar "hijos de Dios" falsedad total.

Jesús sabía que había sido enviado al mundo con un propósito; a proclamar el amor de Dios y que regresaría a Dios después de haber cumplido su misión.

¿Cuál es tú Misión?

_____.

Los que somos de Cristo, sufrimos las mismas tentaciones que El cuándo estuvo en este mundo cruel. El enemigo tiene al mundo cautivo, y deseando moverlo a su antojo, más Dios tiene lo mejor para nosotros; salvacion y vida eterna.

Jesús nos mueve a un lugar de libertad y seguridad.

Juan 8:31-38 y Juan 8:39-47 Jesús tiene una conversación con un grupo de judíos que ya habían creído en El. Estos al parecer querían proyectar que eran perfectos hacedores y servidores de la palabra de Dios, y que su libertad estaba arraiga en las palabras que habían escuchado de su padre espiritual Abraham. Pero era toda una hipocresía. Que ironía, sentados hablando con Jesús, hijo de Dios, quién traía directamente la palabra del Padre. (Segundo tiempo) Esta no había pasado del Padre a Abraham y de Abraham al pueblo esta viene calientita y sin Photoshop, directa del Padre. **Mi amado esposo, les llama miopes a estos y a los que ahora no están dispuestos a identificar la palabra de Jesús, siendo esta clara y precisa.** La miopía producida por la soberbia y su propia sabiduría, no les hacía ver esa hermosa realidad. Incidente que acontece todos los días en esta época.

Fue un gran desafió para nuestro Señor, pero los confronta con la misma Palabra. Jesús les habla de una verdad que debían conocer para ser realmente libres. Jesús tenía pleno conocimiento de esa verdad, es la razón por la que debemos escudriñar Las Sagradas Escrituras, día a día. No creer que ya lo sabemos todo. Es la perfecta herramienta que, junto al ayuno y la oración de ruego, nos ayudará a vencer las tentaciones del enemigo de las almas. Recordando siempre, que tenemos un enemigo en común y es el tentador.

Siempre conocer nuestro estado actual y presentarnos como dignos hijos de Dios. No somos perfectos, pero somos lavados con la sangre de nuestro salvador, la cual enterró el viejo yo, resucitando en nosotros un ser nuevo el cual nos hace libre, y es nuestra responsabilidad mantener esa libertad cada día. Quitando todas las hojas secas, para que salgan hojas nuevas y podamos vernos frondosos.

Nuestro señor Jesús, Conocía el estado actual de cada uno de ellos; y dice; y conocerán la verdad y esta los hará libres, pero estos estaban enfocados en aclarar que ellos eran libres. Muchas veces nos enfocamos en nuestros conocimientos y llenamos el corazón de arrogancia y no damos espacio al pleno desarrollo de la palabra de Dios en nuestra vida. Cerramos el oído a las enseñanzas del Espíritu Santo, que es El Levantador de Limitaciones (tercer tiempo) y no escuchamos la voz amorosa y poderosa de nuestro Creador y Padre Celestial a través de Él.

De qué hablas le dijeron a Jesús: nosotros "linajes de Abraham somos" y jamás hemos sido esclavos de nadie. ¿Cuántas veces hemos escuchado a alguien decir: yo no soy esclavo de nada ni de nadie? Existen tantas cosas que pueden esclavizar al que más pregona libertad natural, por el simple hecho de no dar el primer lugar a lo que se debe y no a lo que se quiere. Al tomar la decisión de ir solamente por lo que se quiere se pierde el objetivo principal y en esa lucha, ya entro en una prisión llamada opresión. La cual da sensación de estar sofocado y esta evita ver la realidad. Jesús les responde; Que todo aquel que hace pecado, esclavo es del pecado. Jesús les hablaba de que le aceptaran como hijo de Dios y creyeran a la palabra que El Padre le había encomendado.

Aceptar al señor Jesucristo como tu único y suficiente salvador te dará esa libertad espiritual de la cual Jesús hablaba a este grupo. Una libertad que muchos te han ofrecido y jamás nadie te ha podido cumplir. Tu corazón estará siempre ligero y dispuesto para dar y recibir amor. Las dificultades te agobiarán, pero jamás te destruirán. El deseo por las cosas materiales, no te arrastrará a mentir, robar o matar. Serás atacado, pero jamás presa del diablo. En Jesús tendrás verdaderamente libertad permanente.

Recuerdo que mi esposo recibió el llamado de Dios de ir una presión cercana a predicar. Sacó un permiso para ejercer su ministerio dentro de esa prisión. Dos días después de su inicio me sentía angustiada lo cual era obvio, es un lugar peligroso. Mi esposo siempre me decía: mi amor no temas, en ese lugar ya muchos han sido liberados. Yo le dije: ¿y qué esperan para salir? Y mi esposo me contestó con una sonrisa dulce; no pueden mi amor, tienen que terminar su condena. Le dije: Okey, pero todavía no han sido liberados. Él me contestó: cuando ellos aceptaron a Jesús como su único y suficiente salvador, fueron libres. Ahora ese grupo cuida de mí, y yo les enseño a vivir la Nueva Vida en Cristo a través de las Sagradas Escrituras. Están practicando la palabra de Dios y mostrando un corazón arrepentido y sensible al dolor ajeno. Cuando cumplan su condena porque esa es la consecuencia de su falta, serán libres físicamente. Lo más importante es que son libres de su vida pasada, llena de incertidumbres, por la falta de Dios en sus corazones y sus malas decisiones. Hoy son nuevas criaturas gracias al sacrificio de Jesús en la cruz, la confesión de pecado y afirmación de que Jesús es el Señor y salvador de sus vidas, es lo que realmente los hizo libres.

Obviamente entre en conciencia de lo que yo sabía, pero no quería admitir. Buscaba todo tipo de excusas para no ver a mi amado en peligro, tratando de ignorar por completo que ese es el trabajo de nosotros como cristianos, llevar en

Evangelio a presos y oprimidos. Mi amado el pastor, padre Evilio Alcantara, siempre nos enseñó que debíamos visitar a los presos y llevar la palabra de vida, como manda Las Sagradas Escrituras. Recuerdo muchas veces ir con El y también cuando deje de ir porque me revisaban más de lo debido a una Cárcel llamada La Victoria; que de victoria no tenía nada. Mas para mi papi era importante ver que las almas se arrepintieran y vivieran esa victoriosa libertad a través de recibir a Jesús en sus corazones. Hoy uno de ellos, expresidiario es pastor de una congregación en la Republica Dominicana. Al recordar todo esto, di las gracias a mi amado esposo, por tomar ese desafío de ir sin miedo a nada.

Con amor y fe mi esposo, fue a llevar ese gran mensaje de salvación y levantamiento, a un lugar que muchas veces es menospreciado y hasta olvido por muchos de nosotros. Finalmente, me uní y aunque muchas veces hubo disturbios, y horas sin poder salir del lugar, hasta que todo se normalizara, Dios nos dio la oportunidad de terminar bien ese ministerio de amor y restauración en la presión. Mas tarde pasamos la vara a otro guerrero, valiente y hombre de fe.

Jesús nos deja su ejemplo, y debemos llevar la palabra a todos los necesitados, donde quiera que nos envíe. (no donde queremos ir) Ahora si Dios no te envío a un lugar, no vallas. Su aprobación es la que garantiza tu éxito. La libertad está en la obediencia.

Jesús vino a dar vida y darla en abundancia. La Biblia dice en **Juan 10:10** El ladrón (el adversario) no viene sino para hurta, matar y destruir; Yo he venido para que tengan vida y la tengan en abundancia. Esto era lo que Jesús quería que ese grupo de judíos entendieran, que él nos mueve a un lugar de libertad y seguridad y mientras nuestra boca hable maldad, nuestro corazón no está libre. El ladrón sigue adentro.

Jesús sabía que ellos practicaban el pecado, que estaban llenos de prejuicios. Sus corazones estaban haciendo muerte y sepultando verdad. Estos no querían escuchar esa verdad que Él había traído. Querían escuchar su verdad; la mentira que, de sus vidas vacías y falta de amor, era todo lo que habían almacenado.

Jesús les dice, yo sé que son linaje de Abraham; pero procuran matarme, porque mi palabra no haya cabida en ustedes. Yo estoy hablando lo que directamente he visto cerca del padre; Estos no entendían, seguían ciegos, negados a abrir su entendimiento. Cuando el hombre que dice caminar bajo los preceptos de su Creador, Padre, Señor y Salvador se niega a escuchar su voz y decide dar paso a las viejas costumbres de vivir, esta desobediencia, da a luz al pecado y el pecado trae destrucción y muerte.

Muchos quieren vivir en su propio yo. Estos se muestran y se hacen sentir a diario. Especialmente caracterizados por un comportamiento, sin amor, insensible y cruel. No les gusta que les hablen de la palabra de Dios, puesto que esta es restauradora y eficaz.

Oremos a Nuestro Padre Celestial.
Padre nuestro que estas en los Cielos, ayúdanos a no ser parte precisamente de un mundo hipócrita y petulante, que cada día se aleja de ti. Muchos son los que te niegan y otros aclaman y piden tu ayuda sólo cuando les conviene. Te rogamos restauracion para salvacion de sus vidas. Amen.

Jesús como hijo de Dios los conoce y podía ver más allá de dónde ellos lo hacían. Nuestro Señor tenía la seguridad que estos estaban en contra de

Él; pero esto no lo detuvo. No te detengas por nada, ni nadie. La verdad de Jesús tiene que ser escuchada. Predica, no pares, tu meta es hasta lograr que un alma sea transformada.

Jesús debía llevar su propósito hasta la meta final. Jesús les dijo; todo lo que yo les estoy diciendo es lo mismo que hizo Abraham, o no hizo eso. Y siguió diciéndoles, ustedes dicen que hacen la obra de su padre. Vemos cómo ellos mismos entran el tema preciso, cayendo en su propio error y aclaraban algo que Jesús todavía no les había dicho. Y le dicen: nosotros no somos hijos de fornicación, un padre tenemos, que es Dios. Hoy en día escuchamos las mismas palabras de personajes que no respetan vidas, que hurtan, violan niños y se burlan de los ancianos y de otro grupo, que manipulan individuos, mienten a sus cónyuges, no sustentan sus hogares, envidian a sus vecinos, practican el racismo y hasta son lideres de comunidades. Para colmo con todos esos defectos y legiones siguen confirmando que su padre es Dios.

¿Dignos de ser llamados hijos, de quién?

_____.

Jesús les dice: si fueran hijos de Dios. Ciertamente me amarían, porque yo de Dios he salido, y he venido; pues no he venido de mí mismo, sino que Él me envió. Jesús trataba de hacerles entender bajo la palabra divina de Dios, que todo el que miente y tiene un corazón homicida, no es digno de ser llamado hijo de Dios. Puesto que Dios es amor y el camino de libertad, y este no lleva a muerte, sino a vida. Jesús se enfocó en ese momento, en hacerles ver que Satanás era el padre de mentira y del homicidio. Y cómo procuraban matarle quería que vieran la diferencia entre el que es hijo de Dios y el que es hijo de las tinieblas.

Muchas veces hemos visto que se levanta el hermano Jaime, (nombre inventado) un gran siervo de Dios, listo para predicar a las vidas. Estudioso de las sagradas escrituras, ora, ayuna, habla bien, su oratoria es buena, tiene identidad, pero esto no llega a ser suficiente. Puesto que suficiente, para los religiosos hipócritas es permitir ser manipulado, o ser un manipulador.

Tiene las cualidades necesarias, pero no conviene.

¿Qué es lo que conviene?

_____ .

Este Jaime, es maltratado, discriminado y hasta silenciado. Lo marginan de una manera infame y callan su voz; todo por no traer lo que un grupito quiere escuchar, o simplemente porque no reúne las condiciones, socioeconómica requerida por estos. Entonces llaman a Mr. **Strong Heart**: (el que dice ser y no es) Venga usted Señor Strong Heart al púlpito. "Oratoria excelente". Este sí reúne las condiciones; tiene dinero, es manipulador y habla con precisión (duro, fuerte, alta voz). Tiene un tremendo carro y viaja en primera clase. Este hombre sabe cómo funcionan los hombres naturales, pero lamentablemente para él, ignora el ojo de Dios, y jamás podrá identificar una señal divina. La codicia embrutece, ciega y pervierte, entonces estos todavía siguen esclavos.

¿Dónde está la esclavitud de los que eligieron a Mr. Strong Heart

?
___

La iniquidad de sus codicias y de sus manipulaciones, será revelada. Saldrá el verdadero personaje del cuento.

Recuerdan al rico y al mendigo en **Lucas 16: 19-3.** No estoy diciendo que somos mendigos, lo que estoy diciendo es que ya estos arrogante e hipócritas, vivieron cómo quisieron aquí en la tierra, lo triste es que no verán las riquezas en gloria, si no se arrepienten. Estos pretenderán como el rico resucitar para recapacitar. Mas en vida tienen la oportunidad de arrepentimiento y esto, que le den gracias a Jesús por su misericordia y amor sin límite por salvar las almas. Solo a través de Él tienen esperanza de ser liberados mientras estén vivos.

¿Quiénes somos nosotros para manipular al Espíritu Santo?

___
.

¿Será que algunos creerán que sí logran tal manipulación ?

_____.

¿Qué verdad estamos pregonando?

_____.

Muchos tienen la osadía de armar trifulcas dentro de la iglesia y otros de creer que están manipulando al Espíritu Santo. Esta es una manera de demostrar que no están libres.

Les cuento que mi esposo y yo, nos trasladamos a un pueblito en PA. Fuimos a visitar a una familia cristiana. En el momento de la visita comenzó una conversación sobre unos problemas que estaban ocasionando un grupo de "feligreses" en la Congregación que pastoreaba la esta pareja. Bueno la señora les llamo revoltosos. Escuchamos pacientemente su discurso: Expreso que esos revoltosos, la estaban irrespetado y tomando control de todas las cosas en la iglesia. Que estos estaban actuando deliberadamente, sin tomar en cuenta que los pastores eran ellos.

(Cuya cosa, está muy mal. Debemos respetar a los ministros que fueron llamados por Dios para cuidar y guiar un pueblo, aun no estemos de acuerdo en algo). Siguió agregando más. Terminó diciendo que ella le **ordenó al Espíritu Santo,** que corra tras ese grupo y que los saque de allí o que los desaparezca de inmediato. Rápidamente mi esposo la interrumpió y le dijo: ¿Quién es usted para ordenarle al Espíritu Santo? ¿Y quién le dijo, que El Espíritu Santo obedece **a sus mandatos?** Ella lo miró fijamente y comenzó a comprender que en medio de su desesperación hiso una rabieta, que la llevo a pecar, deseándole a su prójimo lo peor y pidiéndole ayuda inadecuadamente a nuestro Dios. Para colmo dándole una orden a su creador y Dios todo poderoso. Mi esposo siguió diciéndole a la señora; será mejor que oremos, para que Dios traiga paz y orden entre ustedes. Si Dios los plantó allí a ustedes, Dios los cubrirá, los liberará y les dará sabiduría para aprender a moverse en medio de la tormenta sin tener que claudicar ni pecar. Comenzó la tormenta a bajar y oramos en ese instante en el nombre de Jesús y dejamos en sus manos a esta pastora hermosa. Pasando unos meses nos llamó y nos dio la buena nueva de que habían sido movidos a mejor lugar. Ella quizás no había entendido la forma correcta de llevar nuestras peticiones al Señor, y le llevo tremenda queja y le ordeno desalojo inmediato. Sabemos que la espera desespera, pero la dulce y paciente manera de esperar respuesta de Dios, da sabiduría. **Salmos 3: 4** dice: Con mi voz clame a Jehova, y El me respondió desde su Monte Santo.

Cuando entendemos que, si somos hijos de Dios no podemos desear el mal a nadie y que nuestra oración debe ser con ruego al Padre y en nombre de Jesús, recibiremos respuesta. No hay tormenta que nos mueva al terreno del opresor el cual solo nos quita libertad. Lo confrontaremos con la palabra y el huirá.

Si somos hijos de Dios nos mostraremos tal como Jesús lo hizo y Él es nuestro modelo para seguir. Confrontaremos todo mal comportamiento del pueblo que dice ser hijo de Dios, con esas mismas palabras. Claro, teniendo en cuenta nuestro estado actual, Jesús era íntegro.

¿Hay una mala interpretación o algunos se creen superiores a Dios?

_____.

Muchos procurarán hacerte mal de alguna manera y pondrán tropiezos en tu camino. Pretenderán traer trifulcas a la congregación que Dios te encomendó, los falsos testimonios no faltarán. Trampas de todo calibre y no respetaran tu liderazgo, pero ¿Porque abates tu alma? No te impacientes, tú ya sabes que los que aman el mal, sus bocas están llenas de serpientes y su mente esta confusa. Sus corazones laten por la misericordia de Dios, pero ellos mismos se delatarán y pondrán en evidencia tu inocencia.

Recuerda no todo el que está en la iglesia es genuino. El que sirve a Dios y ama su palabra tiene defensor. Dios siempre pelea a favor de los que buscan su rostro y su palabra confrontará a tu opresor. **Salmos 42:11** dice: ¿Porque te abates, oh alma mía, y ¿porque te turbas dentro de mí? Espera en Dios; porque aún he de alabarle, salvacion mía y Dios mío. Levántate en libertad y llénate de verdad a través de la Santa Palabra. Es ahí donde puedes ver el escudo enorme de Dios a tu favor y tu tentador correrá. La Biblia dice en **Salmos 3:3** Más tú, Jehova, eres escudo alrededor de mí; mi gloria, y el que levanta mi cabeza.

Recuerda la manera que Jesús los confrontaba con la palabra, porque procuraban matarlo. Ustedes son hijos de su padre el diablo, y los deseos de su padre quieren hacer. Él ha sido homicida desde el principio y no ha permanecido en la verdad, porque no hay verdad en él. Cuando habla mentira, de él mismo habla, porque es mentiroso y padre de mentira. Jesús sabía que vivían una doble moral. Estos no tenían un corazón sometido a Dios. Hoy sigue habiendo muchos de estos. Solo debemos encomendar a Dios nuestro camino y serle fiel. El espíritu Santo nos da sabiduría y la fuerza para tener la victoria.

¿Dónde tienen a Dios aquellos que menosprecian, mienten y amenazan?

_____.

Dios no puede habitar en un corazón pervertido, pero tengo buenas noticias, para los de esa condición. Si le permites, Jesús puede entrar a un corazón con esa condición y cambiarlo. Ahora, vivir en él sin transformarlo, jamás. La Biblia dice en **Isaías 57;15** Porque así dice el alto y sublime, el que vive para siempre, cuyo nombre es Santo; habito en lo alto y Santo, y también con él contrito y humilde de espíritu, para vivificar el espíritu de los humildes y para vivificar el corazón de los quebrantados.

¿Como puede decir un ser maldadoso, ladrón de ideas y soberbio, que Dios habita en él? Estos hasta se atreven hasta cruzar la línea de decir que son profetas de Dios. Muchos son lideres de comunidades y Se burlan de su prójimo. Su comportamiento es erróneo y se engañan a sí mismos diciendo, que son libres. Justo como lo hacía ese grupo que Jesús confrontaba.

El retorcido del opresor y sus legiones se creen que no llegará su día. Nada podrá resistirse a la presencia de Dios. ¡Todo lo malo tendrá que salir y gritar, ten piedad de mí Jesús! Donde Jesús llega muere la mente maligna y nace la mente enseñable, la cual se llenará de amor y se capacitará para vivir mejor cada día. No estoy diciendo que la santidad, es de un día para el otro, sabemos que humanamente esta es progresiva (aunque puede pasar, Dios es soberano). Estoy diciendo; que, si somos de Jesús, pasemos más tiempo con El. Aprendamos más de Él, para parecernos más a Él. Jesús sabía que estaban siendo hipócritas, se hacían llamar hijos y eran bastardos y herejes. No tenían un corazón quebrantado, ni sometido al creador. Sus pensamientos y su comportamiento eran pecado; caminaban sin tiempo y espacio para escuchar y entender la palabra de Jesús, por lo tanto, no eran actos para ser llamados hijos de Dios.

¿Cómo puede un individuo que trata con desprecio a los demás escuchar la voz sensible y poderosa de Dios, sabiendo que Dios es amor?

_____.

No entendían el lenguaje del amor de Jesús, pues no querían reconocer que eran pecadores activos. Tenían tapones en los oídos. Sólo escuchaban su propio "Yo".

Todo sigue igual en este tercer tiempo, desobediencia e insensibilidad, acompañados de muchos defectos más. Oídos tapados para escuchar la palabra de Dios y abiertos para lo que promueve dolor. Estas cosas que promueven el deleite del cuerpo y la mente y evitan promover lo que destila el verdadero amor de Dios. Si les brindamos amor, estos lo confunden con sexo. Tienen una percepción errónea de lo que es amar y desear.

Queremos aclarar que en nuestro paso por el mundo no implica que caminemos sin conciencia, como los que no le sirven a Dios; pero tampoco debemos tildar todo lo que no nos gusta, como pecado. Hay muchos evangelocos pintando todo con color pecado, como les llama un evangelista conocido a los religiosos hipócritas. Cuando hablamos de las promociones de los deleites de la carne y de sepultar las cosas que son de bienestar para el alma, nos refiero a que a lo malo le dicen bueno, y a bueno hay que asco, y siguen actuando a su manera y no a la manera de Las Sagradas Escrituras. Jesús les dice: El que es de Dios, la palabra de Dios oye; por esto ustedes no la escuchan, porque no son hijos de Dios.

Un mundo que camina sin Dios en su corazón, esta sin control, sin ley y sin propósito, va camino al abismo, y no a la meta final, la cual Dios quiere darle a través de nuestro Maravilloso Levantador de Limitaciones Jesús. Fue El quien padeció, murió, pero también resucitó para que alcancemos salvación. El prometió que volverá por nosotros. ¡Ven Señor Jesús!

La Biblia dice en **Efesios 5:27** A fin de presentársela a sí mismo, una iglesia gloriosa, que no tuviese mancha ni arruga ni cosa semejante, sino que fuese santa.

¿Cuál fue tu respuesta a los grandes desafíos que has enfrentado?

_____.

¿A partir de hoy, cual será esa respuesta a los desafíos que pudieras encontrar en tu vida?

_____.

DEJANDO ATRAS EL AYER

La Biblia dice en **Filipenses 3:13** Hermanos, yo mismo no pretendo haberlo ya alcanzado; pero una cosa hago: olvidando ciertamente lo que queda atrás y extendiéndome a lo que está delante.

Olvidando el pasado, dejando atrás el ayer, para vislumbra el futuro maravilloso que Dios diseño para nosotros. Todos hemos lastimado. Muchas veces nos han perdonado y otras tantas hemos perdonado. ¿Cuántas veces hemos caído? pero ¿cuántas Dios nos ha levantado?. Perdonar y ser perdonado es ganar. ¿Qué ganamos? Paz y un valioso espacio.

Hay muchas cosas que para la carne son ganancias, pero por amor a Cristo debemos estimarlas como pérdidas para darle paso a las que realmente cultivan el buen carácter que Dios quiere que proyectemos y que permanezca.

Muchos se negarán a dejar su pasado atrás, sea bueno o malo; pero sólo lograrán que se alargue más el tiempo de recibir las cosas nuevas que realmente harán su vida productiva y fructífera.

El perdón

El lenguaje del amor de Dios es claro y preciso, este es el Segundo mandamiento, la Biblia dice en **Mateo 22:39 amarás a tú prójimo como a ti mismo.** Para muchos puede que sea complicado y hasta difícil. Entiendo que es complejo hablar sobre el perdón, dejar atrás y renunciar a muchas cosas y más cuando se trata de aquellos que nos han ofendido, vituperado y herido.

Para el hombre natural **el perdón es una decisión que hará bien tanto al ofendido como al ofensor.** Para el hombre espiritual la biblia en **Marcos 11;26** la palabra de Dios es clara cuando dice; pero sí vosotros no perdonáis, tampoco vuestro Padre que está en los cielos perdonará vuestras transgresiones.

Hablemos un poco:

No estoy diciendo, que lo que hizo esa persona estuvo bien. No estamos levantando trofeos para estos; no hay nada que lo justifique. No estoy empujándote a que continúes con la persona que te hirió. No estoy justificando ningún mal comportamiento, jamás. Ni estoy diciendo que debes confiar en esa persona o someterte a su voluntad. Estoy hablando de extraer ese desecho, que ese alguien tiro en tu corazón de alguna manera y este desecho, está ocupando un lugar que necesitarás y que mereces tener para llenarlo de felicidad. Un lugar que ocupará tu vida floreciente, mudándose para siempre.

hablo de ese canasto de frutas frescas y frondosas que tienes en tu mesa (corazón) una de ellas esta putrefacta y debes sacarla, para que no contagie, y no ocupe el lugar de otra en buen estado. Eres importante y no mereces quedarte paralizado. Tu corazón y alma tienen valor apara Dios.

Dios sabe cómo te sientes, no estás sólo. Es muy decepcionante, cuando después de haber hecho tantas cosas buenas por alguien, recibir agravios, abandono y hasta calumnias. No te veas como víctima, aunque sé que lo fuiste. Visualízate como lo que eres, un ser maravilloso e importante; que un ignorante trató de destruir de alguna manera, pero que no pudo lograrlo, porque tu fuiste creado para triunfar en medio del opresor. Recuerda que esa persona es hijo del opresor, o se dejó usar por el en el momento que tomó la decisión de agredirte.

Tu vida dará un giro inesperado para tus agresores cuando te vean florecer, más no será sorpresa para ti, porque tu futuro fue diseñado de ante mano y tú lo sabes. Recuerda como Dios le habla en la Biblia a **Jeremías 1:5** y le dice; Antes que te formase en el vientre te conocí, y antes que nacieses te santifiqué, y dice el capítulo **29:11** sólo yo se los planes que tengo para ustedes. Planes de bien y no de mal, para que tengan un futuro de esperanza. Dice el Señor. Esas palabras no son sólo para Jeremías y ese tiempo; son para nosotros también, puesto que somos sus hijos y Él nos ama.

Espera tu victoria sobre el que coloco esa manzana dañada en tu canasta. Tu coronación llegará. Esa gran celebración jamás será olvidada, tus lágrimas serán de regocijo y las del pasado serán enjugadas. Tocarás tus cicatrices y no sentirás dolor. Pues donde llega el perdón llega la paz, y esta es tu corona.

Si el pasado toca a tu puerta no le abras. Este tipo no trae nada nuevo. Repite esto siempre: Yo, no negocio mi paz, por lo tanto, le niego toda entrada.

Jesús todavía toca sus cicatrices. El está vivo y para siempre. No olvidemos que vivió aquí en (Segundo tiempo) cien por ciento como hombre, como tú y yo. Él no ha olvidado el sacrifico en la cruz, sólo que su gran amor por todos nosotros es tan inmenso, que ya no siente dolor. ¡su amor es insuperable!. El mundo no valoró lo que hizo Jesús en la cruz, momentos antes de su muerte fue intercambiado por monedas, negado, abandonado, burlado y entregado, más en Él no se conjuga el verbo hacer en pasado, con un final, porque Él sigue haciendo todo lo posible para que estemos llenos de virtudes, felices y que seamos salvos.

Estas personas que te lastimaron producen frutos de rebelión, estos se sublevan en contra de la obediencia de lo que ya Jesús de ante nos ha liberado. Ellos están llenos de una astucia mal intencionada y no merecen que le des el primer lugar en tu vida. Estos están fuera del ajuste con Dios, no producen frutos frescos, están podridos. Más tú estás arraigado al Dador de Vidas. Tu tallo es fuerte y tus ramas frondosas, por lo tanto, tus frutos siempre serán frescos y buenos. Perdonarlos te hará ver las consecuencias de sus actos. Y podrás orar por ellos sin sentir dolor ni odio, La Biblia dice en **Salmos 32:1,2** Bienaventurado el hombre a quién Jehova no culpa de iniquidad, y en cuyo espíritu no hay engaño.

El juicio, para estos es eminente, no habrá excusas que valgan. Tienen la oportunidad en vida, si se arrepienten y dejan qué Jesús el único que puede transformar el corazón del hombre, los transforme. Los hacedores de maldad tienen su padre, según lo que Jesús dijo cuando confrontó a los hipócritas. Les aclaro que su padre es el otro (el diablo) y los que practican el bien ya tienen el de ellos, Jehova, Dios todo Poderoso y Padre Nuestro. La dice la Biblia en **1 Juan 3:10** En esto se diferencian los hijos de Dios, y los hijos del diablo: todo **aquel que no**

hace justicia, y que no ama a su hermano, no es de Dios.

Comienza hoy tu vida con un **adiós definitivo al pasado**, ese que te marcó con cicatrices. Esas marcas que tienes en tu corazón, la conjugaremos en pasado, con punto final, llamado coraza de libertad. No hay palabras humanas que puedan cambiar lo que te sucedió. Pero en Dios eres capaz de adquirir una fortaleza y usar una coraza que nadie puede romper aún en medio de cualquier dificultad. Dios te levantará y te dará la serenidad, el coraje y la sabiduría que necesitas para visualizar y vivir una vida plena día a día. Dios te llenará de una confianza, hasta el punto de que amarás esa vida plena por encima de cualquier obstáculo o desafío.

Para muchos una vida plena, es vivir en salud física, mental y espiritual. Es cuidar de los nuestros y desear el bien a los demás. Para otro grupo es tener dinero, viajes, y vivir en un lugar específico y más, cuya cosa es buena. Tengo noticias para ti, una vida plena sin Dios no se logrará.

¿Qué es para ti una vida plena?

_____ .

El perdón es la mejor decisión que nos ayuda a fortalecer ese compromiso que tenemos con nosotros mismos de vivir esa vida que anhelamos. Cuando hablamos de algo o de alguien que marcó nuestra vida para mal, y ya no sentimos amarguras, inquietud, odios y deseos de venganza, entonces hemos perdonado, es ahí donde comienza a florecer nuestra.

Nota

Las ayudas de los profesionales médicos nunca se tirarán por la borda. En caso de que tengas depresión, estos son grandes levantadores de limitaciones del comportamiento y diversos tipos de problemas, tanto para el agraviado como el victimario. (Dios sustenta la medicina). Pero algo estamos seguro y es que sin Dios jamás será efectiva. Aunque todos lo saben, no muchos lo confirman.

Entrevistamos a varias personas con desordenes emocionales y diversos problemas por dolores del pasado. Unos controlados por medicamentos y otros que ya fueron sanados. Sus respuestas coincidían.... Muchos fueron tratados con medicamentos y hasta llegar a Cristo, y muchos nos dijeron que siguen de pie y luchando con las medicinas y con la ayuda de Dios. Otros respondieron sin Dios no podrían estar de pie. Y un grupo dijo que todavía batallan para perdonar y sienten sed de venganza, por tanto, están triste o enojados casi todo el tiempo.

Muchas veces para alcanzar esas metas de salud en la vida es necesario dejar atrás el ayer, comenzar de nuevo, cambiar del ambiente que les envolvió hasta caer en tristezas, adicciones y confusiones. (siempre bajo supervisión médica) Saber identificar quienes son los amigos y los que no son, como debo sacar a los que no son de mi entorno o dejar de ir, al entorno de ellos. Para todo esto busca ayuda adecuada. No te precipites, pero no te quedes sentado. Recuerda Jesús siempre está disponible.

Habrá muchas barreras, reales y fuertes que tratarán de impedirte que vivas esa vida plena después de renunciar a ese pasado o presente de angustia, odios y desconfianza o simplemente de cosas ya terminadas, con su mejor nombre **pa-sa-do.** La Biblia dice en **Isaías 43: 18-19** No os acordéis de las cosas pasadas, ni traigas a memorias las cosas antiguas. He aquí que yo hago cosas nuevas; pronto saldrá a la luz; ¿ no las conoceréis? Otra vez abriré camino en el desierto, y ríos en la soledad.

¿Como lograste pasar las barreras que se presentaron en tu camino, las cuales impedían tu renacer?

_____.

Dios siempre estará contigo en todos estos desafíos, sin quitarte responsabilidad. Tu trabajo es tomar la decisión, tener fe y estar dispuesto a recibir la ayuda. El hará todo para alejarte de lo que te desequilibra, de lo que te atrasa y te estorba, para llegar a tu objetivo. ¡Floreced!

La biblia relata de la historia de José en **Génesis 37:5-11 y Génesis 37:12-36** Un joven con sueños proféticos y amado por su padre.

José había soñado que su padre y sus hermanos se inclinaban ante él. Al escuchar sus hermanos su sueño, estos se ponen de acuerdo para deshacerse de él. Tramaron tantas cosas, conspiraron y engañándolo, le abandonaron para finalmente ser vendido en Egipto. Creyeron que se deshacían de él y del plan perfecto de Dios.

La maldad que es lo contrario al amor, está en todos lados. Esta se manifiesta; en traición, envidias, engaños, vituperios y más. No sólo están en las mentes y en los corazones de los extraños, están también en las mentes y el corazón de familiares sin temor al ojo fijo de Dios sobre todo y todos. No ignoremos que dentro de las congregaciones también están. Estas personas se niegan a respetar lo que Dios ya diseñó. Cuya envidia lo mueve a hacer uso de su corazón insensible, el cual lo empuja a ejecutar el mal, dando mal uso a su también libre albedrío. Estos oscurecen su sentido visual, convirtiendo en miopes. Una miopía espiritual, que los paraliza en odio, por lo tanto; no pueden ver las bendiciones de Dios, las cuales son para todos. Sino que luchan en contra de verlas realizada en cualquier lado.

Sus hermanos tenazmente se oponían a que en José se realizara la voluntad de Dios. Pero José no se sintió víctima, aunque lo fue, el siguió adelante. Su corazón estaba triste, claro que sí; el sí tenía sensibilidad. Aun recibió muchos maltratos, soledad, falta de afecto y extrañaba el amor de su padre, un derecho que le fue negado por sus traidores e ignorantes hermanos, el agobiado corazón de José no se rindió ante tal acontecimiento, resistió y confió.

Pasó por ese duro proceso, sin perder la fe en su Dios. Más tarde José vería lo que Dios le había mostrado en su sueño. Esa capa que su padre le regalo al cumplir sus 17 años se convertía en la capa de autoridad real. Sus hermanos no se librarían de ver la libertad y el florecimiento de este joven, quién más tarde seria quién levantaría sus limitaciones en tiempos revueltos. Supliéndoles sus necesidades físicas (alimentos), emocional y espiritualmente. Emocionales, porque los maltratos que ejecutaron hacia su hermano los traían cautivos y este levantador dándole paso a la reconciliación con ellos los hacia libres. ¿Porque Espiritual? el alma de sus hermanos estaba sucia; llena de pecado por haber mentido a su padre y haber vendido a su hermano, por lo tanto, estaban desconectados de la presencia de Dios. La decisión de José perdonarles les daba la oportunidad de reconocer que habían actuado cruelmente contra él, y ese arrepentimiento los acercaría a Dios.

José llenaría las canastas de sus hermanos de alimentos, en tiempos revuelto y de necesidad, echando por tierra los planes de destrucción del enemigo, y mostrando con acción que su corazón era de Dios. Que el pasado cruel, no pudo destruir ese joven de fe y de corazón perdonador. Dios le levantó como voz de alerta, en **Genesis 41,** cuando José profetizó sobre los tiempos malos y buenos que tendrían. Vio 7 vacas flacas que devoraban a 7 vacas gordas. Eran 7 años de abundancia, pero seguidos por 7 años de hambrunas.

Ese hombre de Dios después de haber sufrido tanto, por el odio y envidia de sus hermanos, daba la oportunidad con un corazón sensible al dolor ajeno, a todo un pueblo de abastarse. Les daba la oportunidad también de ser buenos administradores, dándoles a conocer los 7 años de hambruna. Lo cual le permitía guardar provisiones, para que no faltara alimentos durante esos 7 años de la vaca flaca.

Su libertad estuvo arraigada en la decisión de resistir a la tentación de la venganza y darle paso al perdon. Su testimonio de integridad y fe y su decisión de dejar atrás los malos acontecimientos le dio paso a vislumbrar el día de reunirse con su padre y su hermano menor. Llegaron los hermanos de José a Egipto y se inclinaron rostro en tierra ante él.

Nota

Cuando Dios dice que eres Rey, tu corona serán los que se oponen.

Mira lo que dice la **Biblia en Génesis 45:8** así, pues, no me mandasteis acá vosotros, sino Dios, que me ha puesto por padre de Faraón y por señor de toda su casa, y por gobernador en toda la tierra de Egipto.

No fue fácil para José saber que sus verdugos estaban ahí. No es que de inmediato se apresuró a salir y darse a conocer, porque ellos no le recocieron. Él tomó su tiempo y espero el momento adecuado. Estos no le conocieron, puesto que ya no era el jovencito de 17 años que ellos abandonaron. Era un poderoso hombre de jerarquía. Es obvio que tuvo sus precauciones, pero su amor por ellos lo guio a tomar la más hermosa decisión que un hijo de Dios puede hacer y fue perdonarlos.

Observa un corazón perdonador, dispuesto a vivir con espacios para todo lo que hace fluir amor y paz. Y José sigue diciéndole a sus hermanos en el **capítulo 45** De prisa vallan a buscar a mi padre y no se detengan. Díganle que yo José su hijo quiero que el habite en Gosén con toda su familia y allí lo alimentare, para que no perezca de pobreza él ni su casa. Observa bien esta parte, **él y su casa**. Traedme a mi padre y a mi hermano Benjamín, este era su hermano menor. José lo extrañó con todo corazón, y nunca perdió la esperanza de verle. Llegado el tiempo de ver a su hermano, José se echó sobre el cuello de Benjamín y lloró; y también Benjamín lloró. Y José beso a todos sus hermanos, y lloró sobre ellos.

Todos estos fueron restaurados, sus corazones y sus mentes fueron liberados de tristezas, odios o venganzas. A partir de ahí la vida de todos ellos seria resplandeciente y con espacios para más bendiciones de Dios.

¿Recuerdan a David? En 1 de Samuel 17 Un joven pastor de ovejas y el menor de sus hermanos. Son tantas las cosas que podemos aprender de este joven. Fuerza física inigualable en esa época. Un corazón sensible a la voz de Dios. Era bastante jovencito, pues era el menor de ocho hermanos, esto para los que a veces dicen hay, es que soy muy joven y por eso no puedo permanecer en Dios. Quiero que sepas que tu comportamiento bueno o malo es una decisión, y buscar a Dios es de sabios.

La Biblia relata esta historia así en **1 Samuel 13:13-14 y 1 de Samuel 16:18-23 y 1 de Samuel 18: 5-16.** Saul en su estado de desesperación atacado por un demonio, estaba limitado. Recuerdan cómo David tocaba para él, para que este demonio se calmara, y al sonido de su arpa este alcanzaba paz. A pesar de todo lo que David hizo por Saul, este lo perseguía, y no precisamente para darle las gracias, sino para matarle, todo por envida. Saul se había enterado de que Jehova lo había desechado y había elegido a otro como rey.

Este al enterarse que era David, armó la persecución con fines de darle jaque mate.

David no solo tocó instrumentos para que el demonio saliera de Saul sino; que le cuidó, peleó por él y defendió la casa de Israel, matando a Goliat y mucho más. Pero aun así este ingrato quería matarle.

Sino dejamos atrás todas las cosas del pasado, nos estancaremos y no seguiremos alcanzado éxito.

Muchas veces escucho decir; yo trabaje en un gran despacho de clase alta; (cuya altura ni entiendo). Yo vivía en una casa grande cerca de las estrellas de Hollywood. Yo predicaba tres sermones por día, yo tenía un carro Lamborghini. Yo era un gran evangelista y eso de era tampoco lo entiendo, y no porque no soy inteligente sino porque firmemente creo que cuando Dios te llama, siempre serás; aun le pases la vara a otros, serás siempre un Samuel. Siempre serás un levantador de limitaciones, hasta que Cristo venga. Ahora bien, lo que hiciste, ya pasó. Lo vivido nadie te lo quita. Tus trofeos podrán robarlos, pero nadie podrá quitar tu nombre del salón de fama. Tus medallas están colgadas en tu casa, tus logros son victorias hermosas e inolvidables, pero debes ir por más. Ese más a veces no nos gustará; puede que Dios quiera que ayudemos a otros y quizás no es lo que tú quieres, pero él te dará gozo en cualquier cosa que Él te pida hacer.

Quizás enseñaste bien, pero tus enseñanzas pasadas graduaron excelentes estudiantes para bien (esperando que haya sido para bien) Tus sermones si fueron del amor de nuestro Señor Jesucristo rescataron almas y salvaron vidas; estos quedarán plasmados de una manera u otra para siempre en los corazones. Esos nuevos salvados seguirán dando a luz para continuar tu legado de amor a Jesús. ¡Esa es la recompensa más hermosa!

Ahora es tiempo de seguir adelante. No es tiempo de sentarte a mirar lo que hiciste. Ve por más. Ese **Mas,** es para levantar limitaciones, bueno, si es que trabajas para el reino de Dios. Dios quiere que dejes atrás el pasado, vivas tu presente y que puedas visualizar tu glorioso futuro. No sigas manejando con tus ojos puestos sólo al retrovisor; recuerda que debes mirar hacia adelante para no chocar. Estar listo para evadir si es necesario a otro conductor agresivo o distraído. Dar vistazos a los puntos ciegos, para evitar golpear o ser golpeado por otros. Con los pies listos, esperando lo inesperado. Escrito por nuestra hija, Kathy.

Comienza hoy a levantar todo lo que obstaculiza que tu puedas seguir aprendiendo, para que continúes pasando a otros las cosas hermosas que Dios te da. Haciendo lo que Dios quiere que hagas hoy. **Ayer, ya pasó.**

Nota

Una manera inteligente de ayudarte y ayudar a otros a sacar lo innecesario del equipaje pesado y que torne más ligero, es continuar aprendiendo. Nuestro hijo mayor me mostro como doblar varias ropas y que no se abulten tanto, para viajar. Me enseñó a seleccionar piezas útiles para el tiempo de frio y calor. Ya no cargo más tantas cosas, solo las útiles.

Si perdonaste no conjugues en presente tu pasado.

Testimonio

Uno de tantos...

Recuerdo una hermana, en la reunión de mujeres de vida y fe, repetir en cada reunión la misma historia por varias semanas. Decía; Mi esposo es malo, no me abre la puerta del carro, no me toma de la mano para ayudarme levantar (cuya cosa es bueno. Estos son gestos de caballeros de buenos modales y de amabilidad y buena atención con su esposa). Y seguía, no comparte conmigo. Corre para abrirle las puertas a otras mujeres. Y seguía; Mire hermana, se emborrachó y me golpeó, me fue infiel y muchas cosas más que me dan vergüenza decirles y concluía llorando. Era obvio, que se había paralizado por esa situación. Mas era necesario este reto para mí. Debía confrontarla con amor, sensibilidad y respeto. Sólo así podría ayudar a esta hermosa mujer a levantar esa triste limitación y continuar hacia una vida más saludable y fructífera.

Entonces me llene de valor y tome la decisión. Un día antes que ella volviera a dar su testimonio, le hice varias preguntas. (aclaro, que yo, sabia todo sobre este acontecimiento del pasado y tenía el pleno conocimiento de que su esposo era cristiano, en el presente), pero decidí hacer las preguntas: amada hermana....

1- Su esposo ya se convirtió? Si, contestó

2- Su esposo le pegó recientemente? No, me respondió rápidamente

3- Cuando fue la última vez que su esposo la maltrató física, verbal y emocional? Aquí viene la respuesta inesperada por todas las presentes.... contó con los dedos y dijo...hacen 22 años. Mis ojos se llenaron de lágrimas, aun teniendo el pleno conocimiento de esa respuesta y le hice la última pregunta.

4- ¿Hermana, perdonó usted a su esposo por esos atropellos y abusos del pasado? Yo sabía que no, obviamente por su manera de hablar por semanas de los acontecimientos en presente y no en pasado. He aquí su respuesta después de unos segundos ¡Obvio!

¿Qué piensa usted de esta respuesta?

_____.

Usted mismo pudo leer bien, y pudo darse cuenta de que su manera de hablar del pasado, como si fuera presente, no mostraba que había un perdón, más bien estaba llena de rencor, desconfianza y confusión. Ella tenía sus razones, claro que sí, pero también tenía una decisión que hacer a su favor, ya que se había quedado con su ex--verdugo.

Nota

Condeno tajantemente el maltrato físico, psicológico, verbal, racial y de todo tipo. Nadie merece ser maltratado. Todos debemos tratarnos con respeto. Debemos denunciar al abusador y Siempre pedir ayuda adecuada.

Ese día pedí a Dios que me liberara a mí misma, de cualquier dolor del pasado y que me diera palabras, para ayudar a esa hermosa mujer, hermana en Cristo. Que me diera sabiduría no sólo para ayudar a ella sino también para ayudar a muchas más a vaciar esa maleta tan pesada. Pedí a nuestro Señor que me enseñara a soltar mi propio equipaje pesado. Y fui liberada y fortalecida de inmediato. Sentir esa paz y ese regocijo es la mejor señal.

Nota

Yo, no cambio mi paz y no hago negociaciones con el pasado.

Entonces seguimos nuestra conversación: Luego de haber orado le pregunté si quería soltarle al Señor su maleta pesada y me respondió llorando, no sabía hasta hoy, que era tan pesada. Si, quiero. Nos dijo; soy psicóloga cuya cosa también yo sabía, y continúo diciendo; aun así, no me he podido ayudar a mí misma. He visitado varios colegas y hasta psiquiatras y aunque me sentía molesta siempre con mi esposo, yo pensé que lo había perdonado.

Entonces esta mujer, me pidió que oráramos por ella, cuando terminamos la oración en la cual ella hacia un compromiso con nuestro Señor de liberación, le dije Dios ahora tiene el resto que hacer, después de tu decisión de pasarle tu maleta pesada. Confía en El. Yo estaba segura, que no sería fácil humanamente lograr que ella mantuviera su compromiso, pero mi confianza en Dios era mayor. Yo misma había sentido esa brisa agradable y había olfateado ese aroma inigualable de paz. **No era Dior, ¡Era nuestro Dios!**

Mantuve mi confianza en ese verso maravilloso de **Lucas 1:37** que dice; Porque nada hay imposible para Dios. Me miró fijamente con sus ojos llenos de lágrimas, pero con una luz radiante, totalmente diferente y me dijo; cumpliré con la promesa que hice de no hablar más del pasado que me atormentó por 22 años así lo haré, amen. Minutos despues me dijo; pastora me siento diferente, con ganas de llorar, pero de alegría. ¡Gracias!

No es fácil para alguien que fue lastimado, dejar de hablar de esos acontecimientos que marcaron su corazón para mal, pero Dios le moverá a otro nivel. Debe subir esos escalones siempre para alcanzar a visualizar cosas mejores, para vivir la vida que Dios siempre quiso para ella.

Si nos damos cuenta en este testimonio, que es real y lo vi y lo escuché; cada palabra del pasado se conjugaba en presente. Muchas personas en el mundo están conjugando el pasado en presente. Una gramática inventada por el dolor y la confusión. No debemos juzgarles, es un dolor que, si no te ha tocado, jamás podrás entenderlo. **Si no servimos para ayudar, no servimos para opinar.** Nuestro Señor quiere restaurar, nos levanta nuestras propias limitaciones y nos equipa para ser de ayuda al que necesita.

Dios quiere liberarte de esa carga, mostrarte correctamente la manera de encarar ese pasado tormentoso. Él quiere que confíes completa y abiertamente en El. Puedes buscar ayuda médica adecuada siempre, Dios no se enojará. En Dios todas las cosas son posibles, porque sin esa fortaleza sería difícil lograrlo. La Biblia dice en **Filipenses 4:13** todo lo puedo en Cristo que me fortalece.

No tenemos y jamás tendremos palabras humanas para consolar a nadie que haya sido abusado en cualquier sentido. Muchos son sometidos a tratamientos psicológicos, terapias, y oraciones. Quizás ayuden en mejorar el dolor todas estas cosas, pero sólo La Palabra de nuestro Dios y su amor infinito entrará a los corazones y logrará sanar las heridas. Esas vidas darán un giro maravilloso y aunque nadie

borrará esas cicatrices, estas dejaran de doler.
Fue triste, duro e inexplicable lo sucedido, pero
Dios te dice hoy, no estás solo.

1 de Corintios 10:13 dice así; no os ha
sobrevenido ninguna tentación que no sea
humana; pero fiel es Dios, que no os dejara ser
tentados más de lo que podéis resistir, sino que
dará también la salida, para que podáis soportar.

Dios está contigo en el proceso, y te ayudará a
curar las heridas de ayer. Aprenderás a tocarlas
sin sentir angustias. Esto quiere decir; cuando
hables del pasado será en tiempo pretérito
indefinido. Este que parecía no cesar, pero al fin
terminó. Entonces sabrás que estás sano.

El cambio no se hará esperar: Comenzarás a
votar lo viejo y dañado. Te despojarás de la
angustia y de todo lo que impedía una sonrisa
dulce y genuina. Dios quitará todo lo que
impedía que tu valija fuera más liviana y podrás
continuar. Quizás te seguirán fallando, pero la
Biblia dice en **Joel 3:10** Forjad espadas de
vuestros azadones, lanzas de vuestras hoces; diga
el débil: Fuerte soy.

Confía en Dios, es el único que no falla. Con El aprenderás a vivir en un mundo revuelto sin llenarte de sus despojos. No tendrás que construir una casita en el aire para vivir. Esa que yo estaba a punto de "construir". Ser feliz es tu responsabilidad y no de otros. Dios es tú refugio desde hoy y para siempre. ¡Amen!

Si David hubiera optado por vengarse y guardar rencor por todo lo que Saul le estaba haciendo, en vez de perdonar, no habría podido visualizar su futuro, organizarse y preparase para su éxito. Recordar todos esos malos acontecimientos en su vida tal como atropellos, humillaciones, desprecios, discriminaciones y más lo habrían paralizado.

Imaginase que su propio padre no contempló la posibilidad de que este joven fuese rey. Quizás creyó que era muy joven o simplemente no lo creyó dispuesto. Lea lo que dice Biblia en **1 de Samuel 16:11**. Cuando Samuel le pregunto te queda otro hijo, sí, me queda el hijo menor, pero está en el campo aposentando las ovejas. Y en **1 de Samuel 17:28-29** podemos leer que hasta su hermano mayor Eliab, cuando lo escuchó hablar con los hombres acerca de matar al filisteo Goliat, se enojó y le dijo; ¿qué estás haciendo aquí? Le hizo saber, que su puesto era sólo de cuidar las ovejas. En **1 Samuel 17: 33,** el propio Saul subestimó la fuérzate y habilidad de David. Eres sólo un muchacho, no tienes la fuerza ni la capacidad para pelear con ese gigante.

David, era un jovencito que había atrapado animales enormes. Tomó un oso de la quijada, y no lo soltó hasta matarlo. ¿Te imaginas a David, recordando con odio? habría perdido fuerza. No se habría preparado para lo que se aproximaba a su vida. Estaría abriendo las puertas al fracaso o retrasando lo que Dios tenía para él.

Si David se hubiera llenado de odio, no habría tenido la oportunidad realizarse y tener éxito. Dios le da un amigo más que hermano. Quien más tarde sería su gran levantador de limitaciones del miedo y la duda. Jonatán este joven hijo de Saul, heredero del reino por jerarquía, el cuál reconocía que Dios eligió a David y no a él.

¿Quién sería capaz de ayudar y guiar a su oponente, si este es puesto por Dios?

_____.

Jonatan trazó en su corazón cuidar de David y ayudarle en todo. Entonces comenzó la odisea de protector y levantador de las limitaciones de su amigo. Aunque sabemos que Dios ya de antemano había elegido a David para ser rey de Israel; Dios premio mucho más allá a David por su humilde decisión de escuchar su voz y no la voz del odio.

¿Estas dispuestos a escuchar la voz de Dios?

_____.

¿A quién quieres perdonar hoy?

_____.

¿A quién quieres pedir perdon hoy?

_____.

CAMBIANDO DEFECTOS POR VIRTUDES.

¿Hacia dónde voy y porque reemplazar lo dañado?

_____.

No estoy hablando de sacrificar nuestros valores ni respeto por los demás, hablo de ceder posiciones negativas, para dar pasos a las promesas de bendición que Dios tiene para cada uno de sus hijos.

La verdadera sabiduría no puede alcanzarse sin Dios. Si nuestra alma, nuestro corazón y nuestra boca esta sucia, en todo veremos suciedad. Hay una razón poderosa para hacer estos cambios, y el éxito está en tomar la decisión y seguir las instrucciones que nos dan Las Sagradas Escrituras.

Nota

Los consejos de los buenos y sabios padres, las enseñanzas de los profesionales prudentes, juntas con las instrucciones de

mayor peso, que son Las Sagradas Escrituras, serán vitales.

¿Porque debo mantener mi área limpia, sin esperar qué otros limpien las áreas de ellos?

_____.

Las Sagradas Escrituras ofrecen las mejores instrucciones acerca de toda el área concebible de la vida humana. Quiere que aprendamos a vivir sabiamente y no cómo necios. Estos consejos, van más allá del tiempo. Sabemos que Dios no cambia en su naturaleza divida, lo mismo que quiso ayer para los de ayer, es lo mismo que quiere para los de hoy.

Tener el pleno conocimiento de qué cosas están fuera de orden en tu vida es vital para caminar hacia una vida mejor. Es complicado admitirlo y se torna más difícil, si no fuera porque el Espíritu Santo de Dios da testimonio de cómo andamos.

¿Que nos limita?
_____.

¿Qué necesitamos para levantar esas limitaciones?
_____.

En nuestro caminar hemos descubierto que son necesarios algunos cambios para ganar.

Es necesario hacer cambios en nuestra vida, porque si no hay virtud en nosotros, entonces ahí no está El Espíritu Santo. No porque Él no quiera estar, sino, porque no hay espacio para Él. Para tener ese privilegio la Biblia dice: **2 Timoteo 2;21** Por tanto si alguno se limpia de estas cosas, será un vaso para honra, santificado, útil para el Señor, preparado para toda buena obra. Nosotros debemos crecer saludables en todo el sentido de la palabra y esto implica estar abiertos para reemplazar lo malo y abrir puertas al amor. ¡Recordando que amor es Dios!

Si caminamos por el camino de bien que es el de Dios, sin olvidar que no somos perfectos, puesto que todavía estamos en esta carne, que por naturaleza humana es difícil y débil, dándole la oportunidad a nuestro Señor de que nos transforme a la hermosura que solo Él pueda dar entonces; veremos su gloria realizada en nosotros.

¿Qué es lo que debo cambiar?

_____.

Al decidirte por cambiar esos defectos serás movido a un SOLO ESTANDARTE y te hará Caminar hacia la madurez. En este camino hacia la madurez, te encontrarás con muchas cosas que parecen, pero no son. Deberás saber identificar y reemplazar.

Cuando llenas tu corazón de un mundo donde no está Dios, éste jamás dejará espacio para las bendiciones gratuitas de Nuestro Padre Celestial. Un corazón que da espacio a las cosas pasajeras y dañinas siempre está vacío y el alma siempre está sedienta precisamente de las cosas efímeras. Cuando tomas desiciones incoherentes, pone en arriesgo tu vida y la de los suyos.

Los desórdenes espirituales y emocionales quieren encontrar un corazón y una mente vacía de esperanza y falta de seguridad, para habitar y evitar, que seas lleno de las riquezas de Dios. Quieren sabotear tú de paz. ¡Esa que Jesús da y no como el mundo la da! y quieren destruir tu esperanza, (tu fe) apunto que no puedas vislumbrar la vida de gloria que Dios da, aún en medio de las tormentas. ¿Recuerda en **Marcos 4:35-40** la tormenta que se desató cuando los discípulos viajaban en la barca con Jesús? Y comenzaron los vientos, pero Jesús estaba dormido en la parte de atrás de la barca. Lo despertaron y le dijeron: ¡Maestro! ¿No te importa que nos estamos hundiendo? Estos mostraban en ese momento que su estado actual, era un estado de inmadurez. Estaban reclamando al Señor y acusándole de insensible.

¿Dónde está la fe de estos? Aquí podemos ver que no había crecido nada su fe. Pero como siempre ahí va nuestro Señor al rescate. Jesús dio una orden al viento y este se calmó. Volviendo todo en tranquilidad total. Pero el Señor no se quedó callado les dijo; ¿porque están asustados? ¿Todavía no tienen fe?

Si no ves llegar a tu vida las promesas y las bendiciones, quizás estas ocupado y entretenido con cosas que al final te quitan la fe. Cuidado con llenarte de defectos recuerda que estos robaron espacios a las virtudes, las cuales llevan al camino de bendición. Un camino que nos hará ver, actuar y permanecer como los hijos de Dios que somos. Quizás algunos de estos discípulos al igual que muchos hoy, no habían entendido sus prioridades, las cuales eran claras: Aprender actuar como Jesús les estaba enseñando.

Es una prioridad poner en orden tus asuntos.

1-Elegir entre lo efímero y lo permanente.

2- hacer un balance entre lo que te gusta y lo necesario.

¿Qué es lo que cuenta?

_____.

Cristo nuestro Señor y Salvador ya ganó y nosotros más que vencedores juntamente con Él.

Y como dice Maní Montes; **La carne quiere mandar fuego por las barras, pero mi lápiz del Espíritu Santo se agarra, y mi talento no lo voy a hacer chatarra. ¡<u>Lo que importa es que Cristo ganó en la pizarra!</u>**

Que nada ni nadie te aparte de tu propósito. Recuerda que nosotros somos linajes escogidos y el plan de Dios para nuestra vida ya está definido. No hay frustraciones que puedan detenerte, si entiendes cuáles son tus prioridades. Vive anclado a las promesas del

Dios de amor y misericordia. Reemplaza lo que te impida ver el fluir de eso, ya.

¿Cómo reemplazar los defectos por virtudes?

_____.

Todos los hombres optaron por hacer lo malo, aún los grandes héroes de la Biblia le fallaron a Dios y le desobedecieron. Y aún nosotros los presentes le seguimos fallando, pero la mejor noticia es que Él es Padre perdonador y de oportunidades.

Dios cumplió sus promesas ayer y las cumple ahora, Él promete amarnos, perdonarnos y aceptarnos. Cuando cambiamos nuestra manera mala de vivir encontramos paz con Él, con los demás y con nosotros mismos.

No pretendo mover tu vida a mi manera. Nadie tiene porque acelerar las agujas de tu reloj.

¿Quién es que debe cambiar yo, o mi vecino?

_____.

Hablando naturalmente tu eres tu propio estandarte en tus movimientos y desiciones (libre albedrío). Pero si identificamos que el mundo quiere movernos a su antojo e involucrarnos en su manera ordinaria de dirigirse, entonces hablando espiritualmente; debemos movernos junto con nuestro Estandarte que es Cristo Jesús Señor nuestro, para no salir perjudicados y poder vivir mejor.

Nota

Exprésale a Dios el deseo de que tu vida sea un jardín que te proyecte paz y que destile un aroma agradable a los que te rodean.

Le he llamado defecto, a todas las cosas, actitudes y costumbres que afean y dañan al ser humano y a su entorno.

Le he llamo virtud, a todo lo que ayuda al mejoramiento como seres humanos, al fluir del bien y el amor.

Comenzaremos definiendo según el diccionario:

Reemplazar; cambiar algo, en lugar de algo. Quitar algo y para poner algo.

Defectos; faltas, o imperfecciones que tiene alguien o algo. Estas pueden ser personal o superficial.

Virtudes; son cualidades consideradas moralmente buenas. Disposición habituales y firmes para hacer el bien. Cosa que produce efecto positivo. Las teologales, estas son infundidas por Dios. Las morales, adquiridas por el esfuerzo humano. Las dos son difíciles de seguir, pero la moral sin Dios es imposible echarla andar. Para los cristianos es fundamental practicar las virtudes, nos dan la oportunidad de actuar como hijos de Dios en proceso de mejoramiento cada día.

Preguntamos a varias personas que es virtud para ellos, y nos contestaron así; son los frutos de la sabiduría. Características que procuran mejorar nuestro carácter. Nos ayudan a vivir conforme al querer de Dios. Nos llevan a ver la gloria de Dios en todo su esplendor.

Usted saque su propia definición de virtud. ¿Cómo le ha ayudado a usted ser virtuoso?

_____.

No se desanime si al practicar las virtudes muchos lo miran con ojos de lobo y boca de león listos para devorarle. No todos querrán verte en mejoramiento. Te harán sentir que te crees mejor que ellos. ¡Que no te importe nada! Continúa hacia tu propósito. Dios no necesita cónsules.

Las virtudes son dádivas preciosas que nos impulsan a responder de manera adecuada, en cualquier circunstancia. Esta respuesta incluye no ser jactancioso, tratar bien a los demás, aún no lo merezcan.

Nota

Queremos enfocarnos en las anomalías y fallas de la conducta de las personas que estamos caminando en el Estado Espiritual. >Nueva vida< Quienes están caminando en el camino de libertad y aprendiendo sabiduría de nuestro Señor entenderán.

Mientras leíamos en la Biblia **Santiago 3**, mi alma se deleitó en estas palabras. Muestre por la buena conducta sus obras en sabia mansedumbre (**3;13**). La sabiduría que es de lo alto es primero pura, después pacifica, amable, benigna, llena de misericordia y de buenos frutos, sin incertidumbre ni hipocresía (**3;17**). Entonces comenzamos a orar por nosotros mismos, y rogamos a nuestros Padre Celestial que cambie todo lo inadecuado de nuestra vida y nos ayude a dejarnos guiar por El. Es muy complicado y se torna más difícil el responder con buen carácter ante tantos ataques, si no somos ayudados por el Señor.

Siempre recuerdo a Pedro en **Juan 18: 10-11** cuando actúo con imprudencia, era imprudencia porque estaba tratando de evitar que se diera lo que Dios dijo. Pero humanamente actuó en defensa de su Señor y no lo debemos juzgar. Muchos de nosotros habríamos actuado exactamente igual o peor. Entones Pedro sacó su espada en contra de Malco, siervo del sumo sacerdote y lo hirió, tratando de evitar que aprendiera a Jesús. Pero Jesús le dijo a Pedro: Mete tu espada en la vaina; ¿la copa que el Padre ha dado, no la he de beber? he ahí, lo que llenó

113

mi corazón de inquietud y entonces comencé a pedir al señor que no me permita interponerme a lo que Él ha ordenado. Que nos ayude a confiar en El. Que nos permita tirar todos los defectos que nos impide ver y obedecer a lo que Él ya dijo. El sabrá como ayudarnos en el momento más desesperante que se presenta en este mundo. Es nuestra responsabilidad querer desarraigar todos los defectos conductuales, que nos impidan recibir esa ayuda.

Defectos conductuales que deben ser desarraigados.

Le invitamos a que lean en la Biblia (**Proverbios 11;1-15**). Y (**Santiago 3;1-18**) al terminar de leer, estarás de acuerdo como nueva criatura que somos, que no podemos transitar por los caminos de Dios y decir que somos salvos, sin cambiar defectos como estos.

Hipócrita, (doble cara, doble moral) fingiendo o escondiendo lo verdadero.

Proverbios 11;9 el hipócrita con la boca daña a su prójimo;

La hipocresía, es un defecto condenado por las escrituras debido a que los hipócritas no aceptan que están mal. Recuerden cómo Jesús los confrontó.

La imprudencia, es la falta de entendimiento o sabiduría que te lleva al desastre, como a Pedro, y gracias a la intervención de Jesús se solucionó todo. Los imprudentes son herederos de la necedad, actúan sin pensar, porque lo respalda lo impulsivo. Menosprecia a su prójimo. Habla más de lo debido, sobre todo muchas palabras sin sentido y muchas veces es ofensivo.

Recuerdo en un campamento de mujeres, había una señora que hablaba tanto y tanto que no dejaba dormir a a las demás. Las otras chicas no querían hablar con ella. Una de ellas se me acercó y me dijo: ¿hermana Plasencia puede hablar con fulana? y después de escuchar emporqué le contesté claro que sí. Llame a la hermana a solas y pasaron hora y media y ella todavía no había escuchado mi voz. Y de todo lo que dije sólo asimiló.... Necesitas ayuda hermana. Ella me dijo tantas cosas que al final volví y le dije necesitas ayuda de inmediato. Y entonces me miró y me dijo: ¡sí, porque él no es mejor que yo! Ella pensó que yo estaba en el grupo cuando contaba los chismes de un vecino. Y para colmo no escuchó nada de lo que le dije. había ocupado su mente con la imprudencia. Esta reinaba en lugar de la sabiduría.

Esto es serio, debemos ser prudentes y no cansar. Si decides no cambiar, te quedarás sólo.

Mi esposo tiene una expresión que dice: **Friends not intense but keep in touch (amigo, no seas intenso, pero mantente en contacto).**

El imprudente por su falta de sabiduría llama a cualquier hora y llega sin avisar. Mira lo que dice la Biblia en **Proverbios 11: 9** Más los prudentes serán librados de desastres. Más los justos son librados con la sabiduría.

Los imprudentes siempre caen en las redes del chisme.

Creamos una práctica en un grupo hace un tiempo atrás. Pasamos una información en forma de secreto. A la primera persona le llegó la información correcta, pero al pasarla a la siguiente persona esta información llego sin todos los detalles. La segunda persona paso la información con menos detalles y al final, de persona a persona llego degradada completamente. Se convirtió en chisme. Lo cual nunca fue la intención. Si no podemos mantener una información completa y solo podemos adulterarla o minimizarla, entonces no digamos nada. Dios quiere que seamos respetuosos de los demás y que mostremos carácter de verdad. Nunca debemos divulgar, degradar o menospreciar nada de lo que se nos dice por confianza.

Chisme, las personas de lenguas largas. Dicen; ¡yo no soy baúl de nadie! Estos arrastraran una maldición de que nadie confíe en ellos. **Santiago 3;6** dice; y la lengua es un fuego, un mundo de maldad. Esta puesta entre nuestros miembros, y contamina todo el cuerpo, e inflama la rueda de la creación (el mundo entero) y ella misma es inflamada por el infierno. Ósea, (es quemada con el mismo fuego que cocinó). Los chismosos aprendan a guardarlo todo.

Nota

Los chismosos siempre están contándoles secretos de otros a alguien, disque para que 'oren." cuidado, es solo para esparcir contenidos degradados y crear un caos.

El chismoso siempre es fraudulento, pues no mantiene su palabra, y siempre perjudica a alguien.

Muchos quieren el retorno de sus impuestos, pero quieren evadir el pago de ellos. Hacen malabares para conseguir de la manera incorrecta esa devolución. Muchos sabiendo que tendrán represalias y otros ignorando de ellas, aunque el contador les da las pautas a seguir para que con éxito reciba lo merecido, van a otro lado, donde pueden manipular a su favor para obtener de manera fraudulenta lo anhelado.

Fraude, engaño intencional para conseguir un beneficio, que puede perjudicar a alguien o al mismo estafador.

¿Cuál es la consecuencia de una estafa, fraude o engaño?

_____.

Muchos quieren eludir responsabilidades mediante engaños y Dios no puede ser burlado. Quizás puedan evadir provisionalmente a la ley terrenal, pero jamás las de Dios. Si no cambian, por medida justa recibirán su pago.

Los estafadores o fraudulentos son personas con carácter soberbio.

Como hijos de Dios no olvidemos que ya no andamos en tinieblas, Jesús nos dio el regalo de andar en luz. ¿Por qué querer mostrar a la mala, algo que ya Dios te dijo que haría? si es que nos humillamos ante su poderosa mano.

Soberbia, defecto de la conducta humana relacionada con la arrogancia que caracteriza a los que tienen un alto concepto de sí mismos que el que deben de tener. Déspotas, que pasan por encima de los demás, sin importarles humillarlos para brillar.

La Biblia dice en **1 Pedro 5;6** dice; Humillaos, pues, bajo la poderosa mano de Dios, para que él os exalte cuando fuere tiempo.

Cuando fuere el tiempo de Dios, no el nuestro; Dios nos pondrá en el lugar merecido. No hagas más de lo que Dios te mando hacer.

Corrija el desorden con dirección y seguridad.

La biblia registra el caso de Roboam, hijo de un hombre sabio que registra las sagradas escrituras llamado Salomón. En **1Reyes 6**, habla de cómo Roboam pide consejo a los ancianos y luego no sigue los consejos de estos. Por no seguir estos consejos provocó la división y la ruina del pueblo de Israel.

Queremos que nos valla bien en todo, pero en el momento que necesitamos dirección y consejos, nos resistimos a pedirlo o aceptarlo, muchos por orgullo y prepotencia, otros por ignorantes y desobedientes y otros por el qué dirán. No debería de importarte el qué dirán. Es de sabios pedir ayuda cuando no se puede seguir adelante sólo, o completar un proyecto.

Los que están al asecho de todo lo que haces son los ociosos, estos que habla la biblia. Hay varios significados para la ociosidad. El significado general es indisciplinados, flojos, perezosos, no diligentes. Estos como no tienen nada que ofrecer estarán hablando de ti, cuando pidas ayuda. Tú deberás mostrar tú madures atreves de la resistencia y un corazón humilde. Preguntar, pedir consejos y seguirlos si son de sabios y aceptarlos es de humildes e inteligentes.

Cuídese de esos perezosos (flojos).

La Biblia en **Eclesiastés 10;18** confirma todo lo anterior. Por la pereza se caen techos y por la flojedad de las manos se llueve la casa. En palabras de mi abuelita Carmela, llueve a fuera y escampa adentro, por flojos no arreglar lo dañado.

Mira lo que dice la Biblia en **Proverbios 11;14** donde no hay consejo, el pueblo cae, pero en la abundancia de consejos esta la victoria.

Roguemos, por estar sujetos a la voluntad de Dios y respetar las decisiones que Él toma, para que nos dirijamos bien.

Oremos: Oh, Señor ayúdenos a respetar y ser respetados. Queremos ser hijos de obediencia y que respetemos tus decisiones en la iglesia. Ayúdanos a identificar los buenos deseos y a seguir los consejos de aquellos que aman el bien. Que podamos respetar las autoridades de la ley y de los que están para cuidarnos y guiarnos en ciertos aspectos. Que siempre tengamos el deseo de orar por los demás, y líbranos del mal. En nombre de Jesús te lo pedimos, Amen.

VIRTUDES Y BUENOS HABITOS QUE SE DEBEN CULTIVAR

La gracia natural, los buenos modales, embellecen y honran a la persona. Estos solo vienen de Dios. Mi esposo, tiene un sermón bajo el tema; **debemos ser reales en un mundo artificial.** Yo lo creo así. Debemos ser reales en dar afecto (sincero), dar gracias y ser agradecidos, que son dos cosas parecidas, pero no las mismas. Pedir permiso, pedir disculpas, perdonar, perdonarse a sí mismo y aceptar responsabilidad cuando erramos. Si caemos levantarnos y comenzar de nuevo. Valorar a la persona por lo que es y no por lo que posee. Respetar, corregir y dejarse corregir.

Ser misericordioso nos acercan a Dios. No es por obra, pero necesitamos tener esta virtud. **La misericordia,** inclina a sentir compasión por los que sufren. Echarla andar en nuestra vida siempre nos hará sentir satisfacción, haciendo directamente bien a la propia alma. Esta virtud, es el trato pasivo que le damos a una persona más allá de sus méritos: Lo mismo que Dios hace con nosotros, nos extiende su perdón para salvarnos. La Biblia dice en **Mateo 5;7** Bienaventurados los misericordiosos, porque ellos alcanzarán misericordia.

Las obras de la misericordia son muchas. Nombraremos algunas de ellas: Sufrir con el sufre, enseñar al que no sabe, corregir al que se equivoca y compartir la palabra de salvación con los que se pierden. Cuando somos misericordiosos terminamos haciéndonos más bien a nosotros que al que le hicimos el bien. La Biblia dice en **Proverbios 11:17** A su alma hace bien el hombre misericordioso: más el cruel se atormenta así mismo y **verso 25** dice El alma generosa será prosperada y el que saciare, él también será saciado.

Ser justos en un mundo donde la maldad es un refresco, es difícil. Pero si comenzamos a cultivar justicia, cosecharemos bien. La Biblia dice en **proverbios 11:30** El fruto del justo es árbol de vida; y en **Salmos 92:12** dice El justo florecerá como la palmera; Crecerá como cedro en el Líbano.

Sembrar justicia, el que siembra justicia tendrá galardón, esta produce vida y es un don del Espíritu. **(Romanos 5;21) (Efesios 5;9)** Ser generoso, el alma generosa será prosperada y bendecida. **(Proverbios 11;24) (Eclesiastés 11;1)** esto no quiere decir que usaremos estos versículos para manipular a nadie.

Nota

Ser justos no significa que seremos tontos. Significa trabajar junto al Espíritu Santo Dios, el cual nos dará entendimiento de actuar correctamente ante cualquier situación. La Biblia dice que el Justo por la fe vivirá. Esto quiere decir que es por fe en nuestro Señor Jesucristo que somos guiados a vivir y responder como Él lo hizo durante su estadía en la tierra, con amor sin perder autoridad. Jesús, aun cuando tomó el látigo y purificó el Templo echando todos los negociantes de la casa de Dios, fue justo y misericordioso!

Debemos tener una **conducta apropiada** en medio de cualquier circunstancia. Mencionaremos algunas de ellas:

1-limpia (no reprochable)

2-libre de anomalías que ya dejamos atrás lo malo. (No perfecta, pero con sentido)

3-esforzada (no floja)

4-tener un lenguaje de amor. (El lenguaje de amor no quiere decir que digas sí a todo, ni dejar que personas hagan nido en tu cabeza).

5-generosa (no tonta) identificar cuando me necesitan y cuándo me están usando.

6-fructífera (no desparramada) para evitar malentendidos.

La Biblia narra historias, que ponen ante nosotros ejemplos de éxitos y fracasos. Debemos ser personas piadosas, Dios no está interesado en los logros, (aunque son buenos) sino en que tengamos sabiduría y un corazón sometido a Él.

Hay compañías positivas y negativas, las cuales pueden afectar para bien o mal. Cuidemos de ser sabios entre cada uno, al elegir amigos. No seamos sabios en nuestra propia opinión, esta se equivoca siempre. Debemos estar listos para escuchar la voz de Dios, cuando nos toca la bocina de alerta. Será mucho mejor no ignorar esa alerta. Es nuestra decisión y responsabilidad alejarnos de las cosas tóxicas. Estas sólo nos dan conflictos.

Nota

No pretendo que construyas un castillo en el aire, yo no puedo hacerlo. Sino que aprendamos a vivir de la manera que Dios quiere que vivamos. Dios te librará del lazo de tu acusador. sólo cede a Dios tus debilidades para que ganes fortaleza.

Dentro de estos buenos hábitos: Dios está buscando hombres y mujeres de valor que entiendan que vivir en un mundo revuelto de pecado, no implica quedarse envuelto en el pecado y recogiendo despojos, sino que, marquemos la diferencia mostrando que podemos vivir mejor en él sin sacar a Dios de nuestros corazones.

Dios quiere hombres y mujeres que, en vez de lamentarse, maldecir y odiar, procuren bendecir, aunque sea a través de sus buenas acciones y conductas. Seres humanos, capaces de cuidar en vez de maltratar. Que no maten a sus hijos. Que Trabajen y no roben. Que siembren árboles para que puedan cosechar frutos. Cosechar es un hermoso verbo transitivo, usémoslo más. Recoger los productos de un cultivo cuando están maduros, listos para comer. Busca hombres y mujeres que den amor en vez de exigir ser amados. No te afanes que lo que das recibirás.

Las cosas negativas que sacamos siempre darán espacio a las que adornan el alma. Un alma que Dios tomará de vuelta, el día que abandone su cuerpo terrenal. La vida terrenal, es una práctica para la vida eterna. Si, tenemos un alma que salvar. Como dice mi amiga de infancia, Lilly Goodman en su canción: ¡**Porque una vida no vasta, por eso inventaste la eternidad!**

Dios busca hombres y mujeres dispuestos a hacer lo correcto, aún sus intereses humanamente hablando sean afectados. Siempre escucho hablar de David y muy poco de

Jonathan. Debemos saber, que es tan importante el protagonista como el antagonista. Sin uno no existiría el otro.

Hoy quiero hablarte de un legado de lealtad, un verdadero hermano.

Demos un vistazo a Jonathan, el levantador de las limitaciones de David. Jonatan, un hombre sincero, que nunca coqueteó con la traición, ni guardó en su mente la posibilidad de ser rey sino, que mostró respecto a los mandatados y elección de Dios. No tubo envidia, no planeó emboscadas ni puso barreras contra David, este hombre motivo y cuido a David todo el tiempo. Se quitó su manto y se lo puso, cediendo su lugar como verdadero sucesor del rey, ante los ojos naturales. Cuando le dio las armaduras, estaba pasándole el poder a David. Poder que Dios ya había hecho saber a través del Profeta Samuel, cuando declaro que David sería el próximo rey.

Jonathan respaldó su palabra en acción. Este joven con su ejemplo nos deja una lección de vida inolvidable e inigualable humanamente hablando. Muestra una actitud madura y ayuda a su amigo sin esperar nada cambio. Su amor en acción está plasmando en esta lectura. La Biblia

dice en **1 Samuel 20:4** y Jonathan dijo a David:
Lo que deseare tu alma, haré por ti.

¿Qué estás dispuesto hacer para que tu hermano se levante y prosiga?

_____.

BAJA LA VELOCIDAD TU GRAN PAPI ESTA AQUI.

A menudo nos encontramos con diferentes tipos personas, algunas son activos y otros pasivos. Llamaremos **activos**, a los que están dispuestos a dejarse levantar las limitaciones, y que se sienten agradecidos y felices de recibir esa ayuda.

El levantador de limitaciones de **2 de Crónicas 34** y **2 de Reyes 22**. Su nombre es Josías, comenzó a levantar las limitaciones del pueblo Jerusalén, cuando apenas era un niño de 8 años. Obedeció a Dios en todo y su reinado duro treinta y un años. No uso pretextos y los tenía. Pudo haber sido malo, puesto que su padre y su abuelo lo fueron. Pero, prefirió obedecer y escuchar la voz del Dios de su antepasado David. Restauro el Templo y sirvió a Jehova Dios, El Gran Yo Soy.

David era un jovencito con actitud activa, esto permitió ser ayudado por su amigo Jonatan y ser instruido por el Profeta Samuel. dejándose levantar sus limitaciones que les impedían avanzar. Estas fueron unas de las cosas que lo hizo ser un gran rey. Aunque sabemos que más tarde, siendo ya Rey se desenfocó y cometió transgresión, pero como era un hombre con un corazón sensible a la voz de Dios, recibió consejo y se arrepintió de corazón.

Llamaremos **pasivos** a los que no permiten ser levantados, y que siempre dejan que sus actitudes lo destruyan, no intervienen y ni se dejan levantar. No es un secreto que muchas personas no les gustan ser corregidas ni ayudadas. La Biblia habla de Saul precisamente de esa manera, pueden leer su historia. **1 Samuel 5:20-23.** Saul un hombre que no permitía que nadie lo ayudará a levantar sus limitaciones, sobre todo la de desobediencia. Sólo recibía ayuda para su conveniencia. Saul rechazó obedecer por completo a la voz del Señor a través de Samuel como profeta en ese tiempo; el no permitir que sus limitaciones fueran levantadas le costó el reinado. Fue desechado por Dios.

Estas personas cometen muchos errores a diario. Se caen y se quedan en el suelo, o toman desvío y caen en transgresiones. Saul era arrogante y tomaba decisiones a la ligera, por lo tanto, termino mal.

Dios siempre quiere que terminemos bien y no dejara tu mano extendida. Dios en su infinita misericordia tiene sus levantadores por todos lados. Gracias a la intervención de nuestro más grande y extraordinario Levantador de Limitaciones Jesús, El cual no se limita ante humana circunstancia, trabajando a favor de hombres y mujeres, que están dispuestos a ayudar a tiempo y fuera de tiempo. Dejar que el levante nuestras debilidades nos dará la oportunidad de estar preparados para la batalla en el momento inoportuno que nunca falta en un mundo lleno de odio y maldad, dándonos la victoria anhelada.

Dios no dejará de mandarnos levantadores aún nos neguemos a recibir la ayuda. El siempre luchará sin cansarse para salvarnos.

Te cuento una anécdota que escuche hace tiempo de boca de mi padre. Un hombre iba en su barca y esta naufrago, quedando desamparado en alta mar sin un salvavidas. En su desesperada lucha por salvarse apenas se mantenía a flote. Pasaron varias horas y obviamente no pudo más y comenzó a hundirse. En su desesperación comenzó a clamar a Dios por ayuda. ¡Señor ayúdame! Y alcanzó a ver un vote y el tripulante trató de subirlo a la barca y este hombre se negó a subir. Llegó otro vote y le lanzó un salvavidas y se negó a tomarlo y por último un helicóptero le tiró una soga y se negó a treparse. ¡Entonces gritaba me ahogo, Dios ayúdame!

¿Qué quería este hombre?

_____.

Recibió varios levantadores de su limitación y se negó a ser ayudado.

¿Sería que quería que Dios mismo viniera personalmente a su rescatarle?

_____.

Dios siempre escucha nuestro llamado de auxilio y viene a nuestro rescate, pero habrá alguno que se negará a ser rescatado. Debemos ser humildes y aceptar la ayuda. Si vivimos en distracción y en desobediencia, Dios entonces nos ayudara a enderezarnos de cualquier manera, y esa manera no siempre nos gustara.

Mira, lee y aprende que es un levantador para los pasivos agresivos.(los desobedientes).

Mi esposo y yo, solíamos manejar de Pennsylvania a Maryland para pastorear en una iglesia en Silver Spring. Viajábamos cuatro días a la Semana. Durante nuestros viajes, todos los días nos llamaba la atención un letrero grande que decía: **SLOW DOWN, YOUR BIG DADDY IS HERE** (Baja la velocidad, tu Gran Papi está aquí). Un día nos dimos cuenta el porque estaba ese letrero. Vimos a un policía de tránsito estacionado en una esquina de la carretera. Después de ver un letrero como este; desde la primera vez, nosotros teníamos más precaución al manejar, no sólo ahí, sino en cualquier otro lugar. Siempre creíamos que habría un letrero como éste en todos los lugares que fuéramos. **Una advertencia con respecto, sensibilidad y sin dejar de mostrar su autoridad**, no sólo para las personas pasivas agresivas sino, también para todo el resto de los transeúntes. Este letrero advertía de manera clara, que no subas la velocidad. Si alguien desobedecía no tenía excusas para defenderse de las consecuencias. Ahí saldría el Gran Papi y le aplicaría disciplina.

Dios en su infinita misericordia, tiene grandes levantadores de limitaciones; hombres y mujeres con corazones sensibles y de carácter inquebrantable, para ayudar de alguna manera a que cuidemos de nuestra integridad, y que evitemos llevar dolor a los hogares.

Los rótulos nos ayudan a tener el pleno conocimiento del sentido al manejar. Los policías de tránsito, cuando no cumplimos con esos avisos de los rótulos, nos ayudan levantando las limitaciones de la pérdida del respecto, con un tique o infracción que debemos pagar en la Corte. Esta es una manera de mostrar respeto por la vida misma y por la de los demás.

Me da pena ajena escuchar a muchas personas decirnos; me paró el State Trooper (el policía de tránsito) por "racismos" Sabiendo que fue por irrespetar los limites o los rótulos. Aunque no descarto que a veces, después de detener a alguien, puede que suceda. No siempre es así, te detuvo por infringir la ley de tránsito.

Después de nosotros escuchar todos sus argumentos, siempre les decimos a esas personas; te paró el State Trooper, porque violaste la ley de tránsito; y éste tiene que cumplir su trabajo como levantador de las limitaciones de aquellos que infringen la ley. Sentimos mucho tener que decirte que estas limitado para leer los letreros regulatorios que están en las carreteras y obedecerlos. Ahora tienes que hacer la clase de mejoramiento de manejo (DIP) para que puedas aprender a respetar las leyes de tránsito Muchos prefieren ser rebeldes o mostrase ciegos a los rótulos antes de admitir sus faltas. Esa miopía o rebeldía, no te dejó identificar entre lo correcto y lo incorrecto; entonces debes ser corregido y pagar las consecuencias. No a todos les gusta escuchar esto, pero es nuestro deber hablar verdad y no solapar mentiras. Nosotros sabemos que cuando aprendas a guiar sin violar los letreros regulatorios ya no sentirás que los agentes del orden fueron racistas.

Nota

Si has sido víctima de racismo en verdad, no lo calles. Exprésalo y denúncialo.

Si Saul hubiera recibido la advertencia de su policía de tránsito que en ese momento era el Profeta Samuel, y hubiera obedecido a la voz de Dios, no habría pasado tantos sufrimientos y al final una muerta triste, arrastrando a sus hijos con él.

Dios siempre quiere que todos los hombres sean salvos y vengan al pleno conocimiento de la verdad. **1Timoteo 2:4**

Si pudiéramos ver más letreros como ese y tuviéramos más State Trooper como aquel señor, con un corazón sensible y un carácter inquebrantable, entonces habría menos accidentes automovilísticos en el mundo. Muertes reducidas por la ayuda de un gran levantador de limitaciones de los conductores agresivos y de los distraídos. Un honorable policía de tránsito.

Así quiere Dios que nosotros seamos portavoz de la palabra de vida. La Biblia dice en **Marcos 16:15-16** Y les dijo: id por todo el mundo y predicar el evangelio a toda criatura. El que creyere y fuere bautizado, será salvo; más el que no creyere, **será condenado**. He aquí la consecuencia de la desobediencia, condonación.

Dios nos ha dejado su palabra, en ella está la vida. Él quiere que sigamos todas las instrucciones que en ellas hay, para que nuestras limitaciones sean cambiadas por fortaleza y fe. Muchos por no seguir estas instrucciones acusan a Dios de todos los malos acontecimientos que pasan y nunca toman responsabilidad de sus malas decisiones. Dios nos ama y quiere siempre lo mejor para nosotros. Y envía a diario grandes levantadores a nuestro rescate. Es tu decisión aceptar la ayuda o rechazarla. ¿Recuerdas el hombre que cayó al mar, y Dios le envió varias ayudas? El debió tomar una de esas ayudas y salvarse.

Nota

Dejemos de usar bloqueadores para evadir responsabilidad.

Dios quiere que estes listos para captar la palabra y rápido para obedecerla. En la obediencia y la resistencia está el llegar a la meta. La meta es que seamos mejores seres humanos, con principios y moral, para luego celebrar con Cristo en la Patria Celestial.

Dios quiere que seamos sensibles y respetuosos de la vida propia y de la vida de los demás. Que salvemos nuestras almas y ayudemos a otros a alcanzar salvación.

Gracias a ese State Trooper la 83 South, camino a York PA, teníamos menos accidentes en ese tiempo. ¡Honra a quien honra merece! Este hombre colocó sólo un letrero.
BAJA LA VELOCIDAD QUE TU GRAN PAPI ESTA AQUI.

La Biblia tiene este hermoso y gran letrero y está en Juan 14:21 El que tiene mis <u>mandamientos</u> y los <u>obedece</u>, ese es el que me ama.

Reflexión

Mi hermano el menor de los varones, Artista Plástico Víctor Alcántara, nos dio una lección de vida hace un año atrás. Mientras él y mi esposo construían una oficina para mí, nos **dijo: A veces hay personas que creen que clavar muchos clavos para sostener una pared es lo correcto, pero lo que garantiza que esa pared no caiga, es clavar un clavo en el lugar correcto.** ¡Gracias, hermano mío, tu reflexión es una lección de por vida, para mí!

¿Por qué gastar tantos clavos, si podemos usar sólo uno en el lugar correcto?

_____.

Ese clavo es del tamaño de Jesús, y el lugar correcto es tu corazón. EL es el único que puede darte seguridad y todavía quiere levantar todas tus limitaciones. No debemos perder el tiempo buscando medios, alternativas sin sentido y hasta consultando a personas que no se han ayudado a sí mismos a vivir mejor.
Jesús es el único Estandarte, que puede mover todos los corazones a una sola dirección. La salvación.

DE LO SECO Y ARIDO A LA HERMOSURA

Un terreno, una casa, un jardín, un arquitecto, un agrónomo y una gran soñadora de fe genuina.

Una señora compro un terreno en un lugar por el cual había orado mucho tiempo. Decidió esperar el tiempo de Dios y finalmente era suyo. Soñó toda su vida construir en ese terreno la casa de su sueño. Dios le respondió su petición años de después......una larga espera y cuando llegó el tiempo de construir, sucedió algo inesperado. El Arquitecto comienza la obra y de inmediato encuentra irregularidades graves en el terreno. Se dirige a la propietaria y le comunica de estas irregularidades.

Ella le dice; pero tú puedes reparar eso, pues eres el Arquitecto. Continúa argumentando, Dios me dio este lugar y sé que aquí seré feliz y veré mis sueños realizar. Él le contesta claro que sí, pero tardará más tiempo del acordado. Ella le dice tómate tu tiempo y construye mi casa como Dios me la mostro en sueño, y no olvides mi jardín favor.

Pasó el tiempo y llegó el gran día. Entró a su hermosa casa, la recorrió y le encantó. Miró hacia arriba y agradeció. Luego se percató a través de una gran ventana en el frente, la cual pidió ser hecha precisamente para ver su jardín todos los días al levantarse. Entonces dijo; ¡pero te falta mi jardín! En él quiero frutos, hortensias, rosas, palmeras, orquídeas y tulipanes, etc. Entonces la miró fijamente y le dijo; no podré complacerte en eso, tienes un lado seco y árido y otro fangoso en el frente: Para edificar la casa saque todo el lodo y limpie el fango. Incrusté muchas rocas, y el trabajo fue arduo. Este lado del terreno esta como si fuera otro lugar. Este es muy seco y árido. Esa tierra no sirve para jardín, todo lo que siembres en ella morirá. Ella lo miró de la misma manera que al principio de la construcción, pero se expresó diferente, ¿qué

143

dices? Continuó su conversación y dijo: El Señor mi Dios, me prometió que aquí en este terreno que Él me dio, sembraré frutos, flores y una hermosa palmera. ¿Si sabes que las palmeras se dan en cualquier terreno? Y lo demás lo hará Dios. Desde hoy estaré visualizando todo lo que Dios me prometió por completo. Tomate tu tiempo, Dios ya tomo el de Él. Yo desde esta ventana observaré mi jardín después de haberlo regado. ¡Que testaruda eres! Dijo el arquitecto. Y ella contesto felizmente no, yo lo que soy es **una gran soñadora con una fe genuina en mi Dios.**

La Biblia dice en **Salmos 92: 12-14** El Justo florecerá como la palmera; crecerá como cedro en el Líbano. Plantado en la casa de Jehova, en los atrios de nuestro Dios florecerán. Aun en la vejez fructificarán; Estarán vigorosos y verdes.

Ese terreno viejo, cansando, seco o árido no es obstáculo, para las maravillas que Dios puede hacer. Si Dios, me dio este lugar, es porque aquí podré ver realizar mis sueños, y mi Dios siempre ha cumplido sus promesas. Yo le creo. **Se armo el corre y corre.** El arquitecto le buscó un agrónomo y este comenzó su trabajo. Al finalizar

144

su investigación, le dijo; no se puede; lo siento mucho señor. Entonces ella le dijo; siembra la palmera, porque esta se da en todo terreno. Y como yo sé quién es Dios y como guio a un pueblo en medio del desierto y como los alimento; entonces es un Dios que también cambia la atmósfera, los tiempos y los terrenos. Yo le creo a mi Señor. Siembra los frutos y deja el resto a en sus manos. Lo que prometió mis ojos lo verán.

¡Dios siempre cumple lo prometido!

Pasaron semanas y todos los días se levantaba y se sentaba al frente de su hermosa y grande ventana dando gracias a Dios por su jardín. Vislumbraba su hermoso jardín, aún sin ver salir la primera flor. Seguía orando, esperando, regando la tierra y visualizando su crecimiento. Hasta que un día se levantó y como siempre dio gracias por su jardín y esta vez no llegó a sentarse frente a su ventana, cuando de repente miró y vio su jardín florecido completamente y una pequeña palmera en crecimiento y llena de hojas verdes. Y gritó.... ¡Yo lo sabía! Mis ojos están mirando la promesa de mi Dios en su totalidad. **¡Gracias Padre amado!** ¡

Yo misma, conozco a Dios desde que era niña, pero El me sorprende cada día, con todo lo que hace por mí y los míos. Cuando creo que es grandioso sólo con nosotros, es cuando quedo pasmada al ver la familia de la fe testificar de su amor y fidelidad. Las grandes maravillas que ha hecho Dios conmigo y mi familia, las hace con la misma fuerza e intensidad cada día con otras familias.

A Dios verdaderamente le importa la integridad y felicidad de la familia. En mundo revuelto y que cada día pierde la esperanza, precisamente por sacarlo a El de sus corazones y darle riendas sueltas a la maldad, Dios sigue haciendo sus milagros.

Mi alma se rinde ante los pies de nuestro Padre Celestial, un-Padre Perfecto, el único que no falla y jamás lo hará. Cuantas veces Dios nos ha dicho, no te preocupes que todo saldrá bien y nosotros en vez de confiar, obedecer y esperar nos desesperamos, corremos y buscamos alternativas. Sobre todo, que Dios no nos mandó a buscarlas, que quizás son buenas, pero no es la voluntad de Él. Olvidamos que Dios no es hombre para mentir, y que jamás nos dejará en vergüenza si obedecemos sus instrucciones.

Dios pudre todo yugo de maldad y de lo que el mundo rechaza por inservible, Él lo hace servible. Aún en la hora infecunda, con un corazón contrito, Dios hace que un destello de esperanza te levante para que puedas visualizar el comienzo de un día, para llevarte a vivir una vida mejor. Todo a través de la fe.

Oremos

Padre amado gracias, por tu amor, tu poder, justicia y tu fidelidad. Gracias por cumplir tus promesas, aun sin nosotros ser merecedores de ellas. ¡Amen!

¿Qué quieres que Dios restaure hoy en tu vida?

_____.

Dios te restaurará y verás tu victoria

La Biblia dice en **Isaías 60;1** levántate y resplandece; porque ha venido tu luz, y la gloria de Jehova ha nacido sobre ti.

De lo estéril, difícil, fangoso o desértico. De lo que no tiene humedad atmosférica, lo imposible a lo posible, si tienes fe.

Donde Dios te plantó, es allí donde verás cómo El sacará esa hermosura y te hará florecer. Estarás presentable, te veras primoroso-a, espléndido-a, excelente, y honorable. Recordándote lo que dice la Biblia en **Hebreos 11:6 P**ero sin fe es imposible agradar a Dios. Ahora, si es que Dios te da la orden de moverte a otro lugar, no temas y muévete. Pero tu fe debe estar en que Él , desde allí también estará dándote soporte y guiándote paso por paso, para que llegues a ver lo prometido. El amor de Dios es tan grande que no podemos irnos fuera de Él. Nuestra fe en El, nos hará ver más allá de lo planeado. Comienza a darle paso al Espíritu Santo y Él te hará ver más allá de lo que tus ojos terrenales puedan visualizar.

Génesis 37 habla de José. Este joven calló en un terreno cruel, insensible y en manos de la mujer de Potifar, una mujer lasciva, sin respeto a su esposo ni al hijo de Dios. Mas José pudo librarse de su acoso por ser un joven integro, con un corazón sometido a Dios y no a sus propios deseos. En ese terrero esta mujer quiso obligarlo a perder su identidad de hijo de Dios en buen estado, pero José resistió y no dejó que los deseos pecaminosos dominaran al hombre de Dios. Aunque fue calumniado por esta mujer y estuvo encarcelado, este joven mantuvo su fidelidad y su fe de que Dios, desde ahí, lo sacaría con honor. José no permitió que los coqueteos del diablo, ni las angustias producidas por este, le pusieran en jaque su final feliz.

Satanás siempre da patadas de ahogado, para meternos en su terreno y en su lucha por alcanzarlo, nos pone trampas todo el tiempo. Este sabe que estamos protegidos en el terreno nuestro, gracias al Señor Jesucristo por su sangre derramada en la cruz del Calvario. Sangre que pago el precio de esa libertad que disfrutamos hoy los que les servimos. Si cometemos la insensatez de abrirle una brecha al enemigo de las almas, romperá, entrará y matará. Ese es su estilo de trabajo.

Es obvio que José, no calló en ese terreno por decisión propia, sino por la maldad de sus hermanos. Usted ya leyó su historia. Mas Dios de ante mano ya había mostrado a José su destino y este se cumpliría a pesar de las trampas que el enemigo de las almas puso en su camino, usando a su propia familia y a una mujer inicua. a pesar de los acontecimientos y sufrimientos inesperado por este joven, siempre mantuvo su confianza en Dios, que lo que Él había dicho sobre su persona, se haría realidad. Ni su identidad, ni su carácter fueron robados pro el menosprecio de sus hermanos.

Nota

Lo que Dios dijo eso será. Llueva, trueno o caigan rayos.

Dios desde ese terreno seco, árido y fangoso e insensible, le hizo florecer. Aunque fue duro el proceso este hombre alcanzo a ver y disfrutar del propósito de Dios. Coronándolo más tarde en Egipto, como unos de los hombres más importantes y sabio de todo ese lugar. Lugar cuyos hermanos creyeron que terminarían con él y su sueño. Dios tenía su premio, lo pondría en alto, doblaría las rodillas de sus hermanos ante él.

No, este no es José el joven que vendieron, este es el Gobernador de Egipto. La Biblia dice en **Genesis 37; 38** y dijo faraón a sus siervos: ¿Acaso hallaremos a otro hombre como este, en quién esté el Espíritu de Dios?

Dios ama la resistencia. La Biblia dice en **Santiago 4:7** Someteos, pues a Dios; resistid al diablo, y huirá de vosotros. Él nos exhorta con el ejemplo de José, a no darnos por vencidos. Dios quiere que luchemos por nuestros sueños, que nos presentemos con confianza ante El. No quiere que busquemos venganzas o alternativas y sobre todo erróneas.

Fueron muchas las veces que mi esposo y yo recibimos atropellos de personas que estaban supuestas a colaborar con nosotros, y hasta cuidar de nosotros. **Hablamos de esto, no por rencor sino para testimonio de lo bueno y justo que es Dios**. Tantas las que nos mintieron, nos despojaron de lo nuestro y muchos hasta robaron muestras ideas, dejándonos a la intemperie, según ellos; más Dios nos bendecía en ese terreno y cuando nos movía a otro, nos recordaba con tanto amor, que siempre estaría con nosotros. Nos hacía saber que, si resistíamos, confiábamos y esperamos en El, todo estaría bien. Terminábamos viendo la gloria de Dios con todo su esplendor realizando nuestro trabajo a la manera El, y no a la de otros. Día a día veíamos a Dios cumplir sus promesas más allá de nuestras expectativas.

Nota

Qué bueno es Dios que podemos hablar y testificar sin sentir dolor; porque Dios cura toda alma herida. ¡Cuando El sana se siente paz!

A veces, creemos que sólo hay fango, lodo, resequedad y mugre en la tierra que pisamos todos los días, pero hay más en el alma de los seres envidiosos; estos carecen de amor y respeto. Estas limitaciones emocionalmente, les impide reconocer que lo que Dios dijo; será a pesar de sus barreras y pedradas. Estas les impiden recordar que todos tenemos talentos para reproducirlos, no para esconderlos y menos para robarlos.

Mateo 25:14-30 nos habla de los talentos. Estos pasajes Bíblicos nos enseñan, que todos recibimos y comenzando en el **verso 24** nos damos cuenta de que siempre hay alguien que no está conforme, roba o esconde lo que Dios le da en vez de multiplicarlo. Luego usan sus bloqueadores de engaño para culpar a cualquiera incluyendo a nuestro Señor y Dios Todo Poderoso. Que insensates, no saben que ¡Dios todo lo sabe y todo lo ve!. Pero estos jamás se librarán de la justicia de Dios, de lo que siembran comerán.

Cuando Dios traiga a tus pies a los que te tiraron al fango, al desierto o a la cisterna, trátales bien. Ellos nunca podrán olvidar que, desde ese desierto, fango o cisterna, Dios te hizo florecer. Le recordarás con tu amable comportamiento que, si ellos no se arrepienten de sus malas acciones y no trabajan sus defectos, resaltando sus virtudes; jamás florecerán como Dios lo hizo y lo seguirá haciendo contigo.

No temas, Dios va contigo, El cuidará de ti. Mantente bajo su cobertura. La Biblia dice en **Éxodo 33:15** que Moises hablando con Dios le respondió: **si tu presencia no ha de ir conmigo, no nos saques de aquí.**

Nota

Dios quiere que vivas, como digno hijo de Dios y no como adoptivo del otro.

Mi esposo en uno de sus sermones dice; **El barrio no es el que debe reinar en usted, es usted que debe reinar en el barrio.**

No pongas como excusa, el lugar donde te toco vivir junto a tus padres. Ahora eres adulto y debes llenarte de sabiduría para saber cuándo debes moverte o quedarte. Sólo te moverás si Dios va contigo. El Espíritu Santo es quien da la seguridad de moverte o quedarte, la sabiduría mana de Él. Porque donde Él te lleve, ahí verás el propósito de Dios cumplido. Nuestro Dios es omnipresente y omnipotente, conoce todo lo que nosotros desconocemos, ve todo lo que no podemos ver y tiene plan de bien y no de mal, para los que le amamos. La Biblia en **proverbios 2:6-7** porque Jehova da sabiduría, y de su boca viene el conocimiento y la inteligencia. El provee de sana sabiduría a los rectos; Escudo a los que caminan rectamente.

Comienza a vivir sin bloqueadores (sin excusas). Los bloqueadores sólo son un agente para obstruir paso y tú, no quieres obstruir el paso de tu florecimiento. Recibe tu bendición en el lugar que te tocó vivir.

A menudo escucho muchos pretextos, a los cuales yo le llamo bloqueadores. Que son esas excusas como, por ejemplo; no puedo o no pude, porque vivo o vivía en un lugar muy pobre. Porque mis padres no me dieron recursos para estudiar, o para hacer esto o aquello. No pude llegar porque no había transporte. No pude porque los delincuentes del barrio no me dejaron. Entiendo todo eso, lo vivimos casi la mayoría, pero Dios da inteligencia y sabiduría precisamente en esos momentos cuando visualizamos aquello que puede ser o fue un estorbo en nuestro desarrollo. ¡Ya crecimos! tenemos la de ganar, aunque el panorama muestre lo contrario; podemos recomenzar y triunfar. No es momento para quejarnos. Hay momentos que son indicadores para moverte junto con Dios o cruzar esas barreras junto con El también.

Algunas se quejan del lugar donde viven, y hasta dicen no es "High Class" olvidando que High Class deben ser sus modales. Hablan mal de las personas que les rodean o que les rodeaban y todos esos bloqueadores lo paralizan. No les deja visualizar su responsabilidad de vivir confiados en Dios, ser diligentes, educarse, tener carácter e integridad. No perder su identidad y fortalecer su vida hasta ver su hermosura resaltar y dar seguimiento a lo logrado.

¿Cuándo llegaré a ver mi hermosura?

_____.

Nos concentraremos y pondremos nuestra atención en las promesas que hay en la palabra de Dios y cómo estas nos invitan personalmente a fortalecer nuestra vida, a pesar del terreno que nos toque, para ver nuestra hermosura a través de la obediencia y la fe. Sabemos y estamos consciente que todo florecimiento es la obra del Espíritu Santo. Dios es inmutable, lo que quiso para los de ayer, lo quiere para los de hoy. Él siempre está haciendo todo a nuestro favor. No lo echemos fuera.

Como dice Marcos Yaroide; **Tu trabajo es creer y el de Dios es hacer.** (Pero recuerda es tu responsabilidad tener fe, ser diligente y obediente).

El Espíritu Santo ha estaba obrando desde la creación del mundo y en la iglesia en los últimos 2000 años o más, y sigue obrando a nuestro favor. Pablo mismo en **Efesios 3: 14-19** Expresa el deseo de que seamos fortalecidos en el poder de Espíritu Santo (nuestro Levantador actual, en este segundo tiempo) y ser captado plenamente en el amor de Cristo.

En los **capítulos 1-6** hay una relación de causa y efecto, por él andar en el Espíritu. El cristiano debe estar arraigado en la riqueza espiritual. Concéntrate en las promesas que hay en la palabra de Dios y mira cómo estas nos invitan personalmente a fortalecer nuestra vida. Dios es nuestro eterno Consolador, Redentor, y Salvador. Confía en que El cumplirá lo prometido.

Nota

El más grande éxito se alcanza siendo obediente a la voluntad de Dios.

¿CUANTOS ESTAN DISPUESTOS A CEDER PARA GANAR?

No estoy hablando de sacrificar nuestros valores, ni nuestros principios, tampoco hablo de perder el respeto por los demás; hablo de ceder posiciones negativas, para dar paso a las promesas de bendición que Dios tiene para cada uno de sus hijos. Estas nos ayudarán a salir de la aridez y a fortalecer nuestra vida. Nos tomará de la mano y liberándonos del fango cenagoso, nos llevará a ver nuestra hermosura.

¿Estas dispuestos?

———————————•

Dice la Biblia; **Salmos 40:2 y me hizo sacar del pozo de la desesperación, del lodo cenagoso; y puso mis pies sobre peña, y enderezó mis pasos.**

¿Como ganarles a los ataques al corazón?

_____?

¡Vamos, a limpiar juntos!

Cada vez que queremos embellecer nuestra casa, pensamos en votar lo roto y sacar las acumulaciones e inmediato comenzamos por la cocina; luego los baños, los dormitorios, las ventanas y las salas de estar, etc. Pasamos el día completo tratando de darle mejor forma a la casa, pero a veces olvidamos los lugares donde más despojos y cosas tenemos. Olvidamos **del ático, los closets y el sótano:** Son lugares donde guardamos cosas que muchas veces olvidamos tener y probablemente jamás volveremos a usar.

En el ático subimos maletas, cosas inservibles y otros objetos, que a veces olvidamos que están ahí y seguimos acumulando más.

En el sótano guardamos muebles y utensilios, herramientas y muchas cosas viejas y rotas. No tenemos espacio y todo se ve revuelto.

En el closet, sea de ropas o de zapatos: A veces tenemos tantos zapatos que pasara tiempo y no veremos manera de usarlos todos. ¡Y que te digo de las ropas! Piezas que jamás nos hemos puesto. Vendrán tres veranos o pasarán tres inviernos y no podremos usarlas todas. En nuestras compras repetimos las mismas piezas o parecidas. Olvidamos muchas piezas de estas, de tanto que acumulamos.

Hoy pondré otro nombre a algunos de estos lugares.

Al Ático, lo llamaré cabeza, esta puede almacenar en sus neuronas, miles de memorias o más. Recuerdos, experiencias y conocimientos. Estas se combinan para aumentar la capacidad de almacenamiento del cerebro. Así que es capaz de guardar malos acontecimientos del pasado y fotografías de esos acontecimientos que pueden ser **perjudiciales para la salud mental.** Esta es la famosa "máquina del tiempo". Va y viene. Trae y lleva cuando es emocionalmente lastimada o acariciada.

Al closet, le llamaré corazón, este guarda muchas emociones, dentro de estas están odios y sufrimientos; estos causan stress. Todas estas emociones **pueden ocasionar enfermedades cardíacas,** o en cualquier momento hacer pensar que están teniendo un ataque cardíaco. Todo por guardar tantas emociones juntas.

Al Sótano, le llamaré alma, esta es creada por Dios, al igual que todo nuestro cuerpo, con la diferencia que esta va a Dios, y Él la envía al lugar merecido. Esta guarda cosas bellas y hermosas, así como también mucha inmundicia y malicia. Está dopada de entendimiento y libertad hasta cierto punto, porque digo hasta cierto punto; porque esta no puede escapar de Dios. La Biblia dicen **Santiago 1:21** Por lo cual, desechando toda inmundicia y abundancia de malicia, recibe con mansedumbre la palabra implantada, la cual puede salvar vuestras almas.

¿A quién debo acudir por ayuda para controlar las malas decisiones del alma?

_____.

Debemos buscar ayuda adecuada. Es nuestra responsabilidad como adultos crear recuerdos positivos, felices, capaces de devolvernos la salud mental. (Recuerde los profesionales, están para ayudar, asegúrese que sean de valor inquebrantable). Hago está parada, porque hay muchos, que solo recetan medicamentos y no hacen el esfuerzo por ayudar a paciente, entreteniéndolos con drogas y sin darles el seguimiento adecuado. No dejes de aferrarte a Dios, porque sin su ayuda sería imposible lograr paz.

Evitemos ser desagradables. No amarguemos a los que nos rodean o viviremos solos.

No siempre podremos lograr que los demás sean felices, pues a diario vemos cosas que nos quiebran como seres humanos sensibles que somos, pero sí es nuestra responsabilidad cuidar el entorno y no agobiar con nuestros acontecimientos del pasado a nuestro prójimo. Con esto, no quiero decir que no pidas ayuda si la necesitas; grita por ella. Te estoy diciendo que busques ayuda adecuada. No agobiemos a los demás, ellos ya tienen sus propios problemas.

Oremos los uno por los otros. Recibamos la liberación de nuestro Señor y permanezcamos en esa libertad.

Nota

Todos estos acontecimientos, recuerdos, conversaciones de mal gusto, fotográficos de maltratos, emociones de odio, sed de venganzas; son los que impiden que podamos ver las riquezas de amor y paz, que como hijos de Dios podemos tener.

¿Como controlar al sistema nervio?

Si limpiamos los espacios para que estas riquezas se estacionen, se guarden y se conviertan en ese perfume permanente, que sólo el alma pude guardar, entonces Dios a través de su Espíritu Santo, vendrá en nuestro pronto auxilio y cambiará nuestro panorama. Dios quiere que nosotros caminemos hacia la libertad sin temor. Él nos guiará y llegaremos al destino planeado y establecido para los que amamos al Señor. ¡Anhela tu Libertad!

Cambiemos nuestro lenguaje y afinemos nuestro corazón. La manera perfecta de no amargar es limpiarlo. Cada uno conoce de que material está lleno. Comienza tu limpieza y ganarás.

¿Qué más podemos limpiar?
_____.

La lengua es un fuego, un mundo de maldad. Con ella bendecimos al Dios Padre y con ella nos maldecimos entre nosotros. Esta no puede ser domada por ningún hombre. Sólo en manos de Jesús podrá tener control. Crear consciencia será eminente, para darnos cuenta del daño que puede esta hacer. Llenarnos de virtud, será eminente, para que, en vez de abrir nuestra boca, dándole libertad a ese peligro miembro llamado lengua, le demos libre entrada a la sabiduría para que esta, pueda ser contralada.

Debemos limpiar nuestra boca y controlar nuestra lengua, muchos son los que comentan y no paran de conversar sobre la misma tragedia días y noches. Otros ocupan parte de su tiempo valioso, para hablar mal los demás.

Después que Cristo entró a su vida, usted es nueva criatura. Los días grises del gran interprete, llamado cerebro, se transformará en luz, paz y vida; no lo digo yo, ni los profesionales de algunas áreas; lo dice Las Sagradas Escrituras.

Estas son las herramientas medicinales más poderosas y las más fabulosas terapias que puede necesitar cualquier mente atribulada y cualquier lengua descontrolada.

Jesús como arquitecto de nuestra vida, nos invita a caminar con El. No quiere que vivamos envueltos en nuestro pasado ni en chismes.

¿Como podemos ganarles a las enfermedades psicológicas?

_____ .

Él nos invita a ceder para ganar.

La Biblia dice en **2 Corintios 3: 18** Por tanto, nosotros todos, mirando a cara descubierta como un espejo la gloria del Señor, somos transformados de gloria en gloria en la misma imagen, como por el Espíritu del Señor.

Donde Jesús llega hay libertad y sanidad. El amor sin prejuicios que Él tiene para nosotros sobrepasa todo entendimiento. Jesús entiende nuestras debilidades y las levanta, pero debemos permitirle hacer ese trabajo en nuestra vida. Tiene conocimiento de las tentaciones que pasamos a diario. Él fue tentado por el diablo, resistió y lo confrontó con La Palabra Divina, coronándose ante este como el hijo de Dios, el que quita los pecados del mundo, el que vino, se fue y ha de venir.

La biblia dice en **Apocalipsis 1:8** Yo Soy el Alfa y la Omega: principio y fin, dice el Señor, El que es y que era y que ha de venir, el Todopoderoso.

Jesús quiere que tengamos fe y nos enseña a resistir las tentaciones y a vencerlas. Mira lo que dice la Biblia en **Santiago 1:12** Bienaventurado el varón que soporta la tentación; porque cuando haya recibido la prueba, recibirá la corona de vida, que Dios ha prometido a los que le aman.

Jesús vino a salvar tanto a los adultos, como a los niños. Muchos creen que los problemas solo ascendían al adulto, pero no es así; estos también atacan a los niños y casi siempre por culpa de la mala vida que les dan los que se suponen deberían de ser sus protectores. Jesús vino a salvar tanto a judíos, como a gentiles. Vino por aquellos que son rechazados y aceptados. Vino a salvar a pobres como a ricos. Jesús vino a libertar y salvar a los oprimidos y a los libres. Jesús vino a salvarnos a todos!

Nunca olvidemos, el acontecimiento en la Biblia en **Lucas 8:26-39** del endemoniado de gadareno.

Al llegar Jesús a tierra, vino a su encuentro un hombre de la ciudad, endemoniado desde hacía mucho tiempo; y no vestía ropa, ni moraba en casa, sino en los sepulcros. **Este, al ver a Jesús, lanzó un grito, y postrándose a sus pies exclamó a gran voz: ¿que tienes conmigo, Jesús, Hijo del Dios Altísimo?**

Usted mismo pude leer aquí, y darse cuenta de que los demonios saben muy bien quién es nuestro Señor, reconocen su voz y saben que donde Él llega hay libertad. Gritan que no los echen de los cuerpos. Estos quieren seguir atormentado las vidas y creando caos y pánicos a su alrededor. Pero Jesús los frustra y los vence.

Jesús viene a nosotros para darnos vida y salvarnos. Acérquese a Él y confiese que quiere ser ayudado, y Jesús vendrá a tu pronto auxilio.

Si usted se dio cuenta no era sólo un demonio lo que tenía este hombre, **Jesús le pregunta en el verso 30, ¿cómo te llamas?** no es que Jesús no sabía, es que quiere que estos confiesen que están ahí. Para testimonio de los que estaban allí, **y le contesta; legión. Porque no era un sólo, eran muchos demonios que habían entrado en ese hombre.**

Dios te dice hoy: Saca esa legión de tu vida aquí y ahora.... Jesús no solo liberta a este hombre, sino que le cambia su panorama de inmediato. Jesús el psicólogo, psiquiatra y terapeuta por excelencia. El único que no necesita ayuda de otros. Este hombre viviría una libertad genuina. Su consciencia se activó y se vistió. Jesús le devolvió el juicio y la concentración física al instante de su liberación. Este estaba en su juicio cabal y reconoció su estado pasado y la diferencia del estado actual. Ya el endemoniado fue libre por completo. Un hombre nuevo y una sola identidad.

¡Jesús ama salvarnos y sanarnos!

169

Recuerdan la mujer del fuljo de sangre.
Esta señora había pasado por mucho
sufrimiento. Analizando su trayectoria de
padecimiento, no sabemos los gastos a ciencia
cierta, pero contando los años de enfermedad,
puedo imaginar que ya su presupuesto era bajo,
sino es que ya estaba en ruina. Las visitas a
médicos y tratamientos a los que probablemente
se sometió, tales cosas la tendrían en pobreza. El
estrés, los rechazos a los que se expone día a día
en busca su de sanidad, incluyendo ese día que
sé arriesgó hasta llegar a tocar el manto de
nuestro Señor Jesús.

Recuerdan que estaba enferma de un derrame de
sangre, esta enfermedad se veía como inmunda;
en una época precisamente llena de corazones
insensibles al dolor ajeno y lleno de prejuicios.
¿Cuántas veces nos hemos visto en momentos de
desesperación y en vez de ser socorridos hemos
sido rechazados?. ¿Pero cuando resistimos y
peleamos en contra de los enemigos del
bienestar que pueden ser muchos? Con una
mano los derribamos y con la otra continuamos
haciendo lo que debemos. ¿O simplemente nos
rendimos y claudicamos? Aquí les dejo cuatro
de los peores enemigos del bienestar; **El estrés,**

el desánimo, los insensibles y los egoístas. Si logramos vencerlos llegaremos.

Esta mujer no hubo dolor, ni multitud que la detuviera. No hubo sacerdotes que llegaran más rápido que ella, no hubo ley que la paralizara; ni nadie que leyera tal ley del antiguo Testamento, que no podía ser tocada. Rompió todas las barreras y paso en busca de su sanidad. Recuerden, que esa ley del antigua testamento en acción en el segundo tiempo de la Biblia decía; que todo el que la tocara sería inmundo. Puedo haberla invadido la impotencia por tal ley, pero, no le dio paso a esa invasión y con una mano la derribo y con la otra siguió abriendo camino. Con fe en acción tras su meta.

Muchas veces debemos colocarnos protectores a ambos lados de los ojos, como los que usan los caballos de carreras. Las llamadas antiojeras, estas son puestas en sus ojos en los lados laterales, para que no se distraigan y puedan llegar a la meta. Eso fue precisamente lo que hizo esta mujer; Se colocó en ambos lados de sus ojos la fe, para no ser distraída, hasta llegar a recibir su salud.

Esta mujer desafió toda gravedad, en busca de su sanidad. Cansada del largo y agitado camino, no se dio por vencida. Ella sabía que el único que podía levantar esa triste limitación al instante, era El hijo de Dios, Jesús, sin dudar lo toco. Esta mujer al instante se dio cuenta que no había pasado por desapercibida, se acercó y cayendo delante de Él, declaró en presencia de todo el pueblo la razón por la cual le había tocado, y como al instante había sido sanada.

¿Has tenido el valor de testificarlo?

_____.

Cuantas veces Dios nos ha sanado de diferentes enfermedades y nunca hemos testificado. Tenemos vergüenza y nos limitamos tan solo por evitar a los burladores.

Que me llamen loca, pero soy un milagro de Dios y nunca lo podre ignorar. Es tiempo de perder el temor al qué dirán. ¡Testifiquemos de las grandezas que nuestro Dios ha hecho en nuestra vida!

Después de haber padecido 12 largos años de esta enfermad, más los rechazos y desprecios de la sociedad, esta mujer no le importo la consecuencia. Ella sabía que estaba en las manos de Jesús. El qué dirán, fue lo de menos importancia. Ella recibió la sanidad inmediata, eso era lo que contaba para ella. Una sanidad la cuál nadie puedo darle en 12 largos años, pero Jesús lo hizo una vez más.

Esta mujer confirmó su sanidad, con esa virtud que salió del cuerpo de nuestro Señor y entrando directamente a su cuerpo, expresó de inmediato su salud. Jesús todo lo hace perfecto!

¿Como se dio cuenta que había sido sanada?

_____.

¿Recuerdan qué dijo nuestro Señor, cuando sintió que alguien le tocó, que les dijeron los discípulos?

_____.

Usted y yo sabemos, que el Señor tenía conocimiento de quién le había tocado. Jesús nos dejó una enseñanza más allá de lo que podemos imaginar. Leyendo esta historia y escudriñando cada palabra que Jesús dijo; nos daremos cuenta de algo muy importante y que yo hago énfasis en alguna parte en este libro. **La palabra virtud.** Esta palabra me tocó hasta el fondo de mi corazón. Estamos en un mundo donde cada día nos toca ver o vivir una situación incómoda. Jesús quiere que nos llenemos de virtud, para poder ayudar a otros en el momento de su desesperación.

Viajamos mi esposo y yo de Florida a Pennsylvania y en el camino nos detuvimos por combustible (gasolina). Al instante de nuestra llegada a la estación de gas, comenzamos a escuchar una discusión. Un joven adulto le grita a una joven no te voy a llevar, vete caminando. La joven desesperada le grita; no me dejes por favor es muy tarde y estoy agotada. El Joven vuelve y le grita con palabras impúdicas, muy ofensivas; no y no. Se fue y ella quedo desampara y llorando. Esto tocó mi sensibilidad y me dolió mi corazón y le dije a mi esposo, por favor ¿podemos ayudarla? Y él me dijo claro que si mi amor. Me paso dinero, cerré mis manos y me acerqué a ella con pena, pues no quería importunarla. La saludé y dije; mi esposo y yo escuchamos todo lo que paso y queremos ayudarte. Mi sorpresa fue tremenda, cuando al ver que tenía una niña de 5 a 6 años; y saber, que esta niña había escuchado todo lo que ese joven había dicho, quebró aún más mi corazón. Le comencé a hablar de lo mucho que Dios la ama y no quiere verla en esa situación. Al instante se acercó una jovencita como de 20 años y le trajo agua y galletas. Mi otra sorpresa fue, ver el letrero en la camiseta, que llevaba la joven que se acercó. ¡Jesús Love You! (¡Jesús te ama!) Y más versos Bíblicos. ¡Dios respaldándonos, como siempre! Entonces esa joven se unió al rescate por esta alma.

Continue hablando con la joven de la salvacion que solo se alcanza a través de Jesús . Le pregunte si quería aceptarle, que todo el mundo le seguiría fallando, pero que Jesús jamás le fallaría. Él es quien en realidad ayudaría a restaurar su vida emocional y física. Nosotros, pudiéramos ayudar en traerle esa palabra de vida y en el transporte; pero Jesús va más allá de donde nosotros podemos llegar. De inmediato note que me prestaba atención, aunque no dejaba de llorar. Mirándome, me contesto, si

175

quiero. Me confeso que se siente como aquel que nada en la profundidad sin oxígeno y no puede subir a la superficie. Acepto al señor y me abrazo. Le pase el dinero y entonces lloro con más desesperación, pero de alegría. ¡Gracias, señora! .... yo no tenía dinero para llamar un taxi... Dios la envió, no solo para ayudarme con mis emociones, sino también con el medio de transporte y mucho más.

¿Qué hubiera pasado con ella y su niña, sino nos dejamos guiar por el amor de Jesús?

_____.

Desde ese momento le doy seguimiento por teléfono y trato de tener contacto con ella. Oro por ella, para que Dios le ayude a tomar sabias desiciones y pueda junto a su niña mantenerse a salvo de violencias. Oro especialmente por su niña, es tan pequeñita, que Dios la cuide siempre. Oramos también por el agresor, que pueda arrepentirse y ser salvo. Doy gracias a Dios por la joven cristiana que se unió al rescate. Una joven con un corazón sensible al oído de Dios y al dolor ajeno. Pido que más jóvenes acepten el reto de llevar el evangelio a todo el mundo. ¡Amen!

Nota

Dios quiere que sin miedo a nada ayudemos a otros a levantar sus limitaciones, si estos se quieren dejar ayudar y que puedan tener sanidad emocional y alcanzar la salvacion.

Queremos ayudar a otros para que destilen salud emocional y espiritual. **Pero ¿que sale de nosotros?**

_____.

¿Será que, si nos tocan, destilaremos por lo menos un poquito de virtud?

_____.

Jesús quiere sanar todo tipo de enfermedad. Nos deja al Espíritu Santo para que nos capacite, y en recibir todo eso, esta dejarnos llenar de poder (virtud). Ese poder que solo da amor y vida. Jesús quiere que seamos portadores de **VIRTUD** y no portadores del odio y del rechazo. No olvidemos nuestro nuevo **ADN, este es JESUS.**

La biblia dice en **1Pedro 2:9** Pero Vosotros sois linaje escogido, real sacerdocio, nación santa, pueblo adquirido para posesión de Dios, a fin de que anuncies las **VIRTUDES** de aquel que os llamó de las tinieblas a su luz admirable.

La historia de esta valiente mujer está en **Lucas 8:43-48** es impresionante, y me llaman la atención los versículos siguientes: **El verso 45 Jesús dice ¿quién es que me ha tocado?** Pedro le contestó Maestro, la multitud te aprietan y te oprime y tus preguntas ¿quién te ha tocado?. y Jesús sigue hablando y dice en el **verso 46,** Me ha tocado alguien; porque yo he conocido que ha salido virtud de mí.

A allí, se confirma una vez más, que tenemos pleno conocimiento de quienes somos y de que estamos llenos. Jesús nos enseña que debemos estar llenos del poder del Espíritu Santo, para estar en condiciones aceptables ante cualquier circunstancia que se presente, para que podamos ayudar y no estorbar. Quiere esa llanura en nosotros, para que proyectemos vida. Que estemos llenos ese mismo poder que salió de Él, para ayudar a otros a levantar sus limitaciones.

¡Cuánto nos ama Jesús! Quiere que al igual que El, vivamos de gloria en gloria. Cuánto me gustaría, que fuésemos así nosotros, deseándonos el bien, para derrotar el egoísmo. La Biblia dice en **Lucas 6:19** Y toda la multitud procuraba tocarle, porque de Él, salía un poder que a todos sanaba. Cuando Jesús llega hay libertad y sanidad. Un amor sin límites, sin prejuicios y sin egoísmo.

Oración

Señor, te necesitamos, ayúdanos a levantarnos y a caminar a tu manera, en amor y sin egoísmo. Señor, queremos ser más como tú. En este momento nos negamos a nosotros mismos y te pedimos que seas el centro de nuestra vida. ¡Te amamos Señor y Salvador, Jesús!

EL RESUTADO

La Biblia en **Lucas 5:12** habla de la sanidad de un leproso y el proceso para ser reunido con su familia e incorporado a la sociedad.

Demos un recorrido a esta historia.

Un día mientras Jesús realizaba su ministerio de predicación y sanidad en una de las ciudades, se le acercó un hombre lleno de lepra. (Conjunto de enfermedades de la piel). Postrándose sobre su rostro le rogó diciendo: Señor si quieres puedes limpiarme. La respuesta de Jesús no tardó en venir. Y Jesús extendió su mano y entonces le dijo: Quiero; se limpió y al instante la lepra se fue de él. Entonces Jesús le mando que no dijese nada a nadie; solo ve y muéstrate al sacerdote, según mando Moises, para testimonio a ellos. Pero la fama de Jesús se extendía más y más; y se reunían mucha gente para oírle, y en busca de ser sanados de sus enfermedades. Más Él se apartaba a lugares desiertos, y oraba.

Reflexionemos sobre este encuentro y su resultado.

Este hombre tenía pleno conocimiento del poder que Jesús tenía. Había escuchado y quizás visto los milagros que Él había hecho; tenía la seguridad de Jesús era el Hijo de Dios. Y de una manera humilde se lanza sobre sus rodillas, inclinado su rostro y le dice, si quieres puedes limpiarme. Muchos hoy le dan orden a Jesús, olvidando que es nuestro Señor. Pero este hombre se acercó con humildad y respeto.

Subraya, la palabra <u>humilde.</u>

La respuesta de Jesús no tardó en venir; y esa respuesta vino con el resultado más anhelado por este hombre, y por cualquiera en ese estado. Esto no quiere decir, que todo lo que pidamos lo recibiremos de inmediato. Jesús sabía que esta respuesta inmediata traería buen resultado al corazón de este hombre. Ese resultado serio de bien y no de mal. Y Jesús entonces, extendió su mano y le tocó.

Subraye <u>le tocó</u>

Algo que debemos recordar, es que los sacerdotes jamás tocaban a un leproso, Jesús le tocó, y le dijo si quiero, se limpió.

Subraye <u>se limpió</u>.

Aquí nos detenemos y meditamos: Recuerdan que los sacerdotes de la orden de Levi eran los encargados de examinar al leproso y declarar limpio una vez realizado el sacrificio correspondiente y después de haber derramado la sangre. Pero Jesús anuncio con esta palabra quien era y que autoridad tenía. Y Jesús dijo; se limpió. Y el resultado fue sanidad al instante.

Este hombre recibió sanidad y su piel se podía ver totalmente limpia. Jesús declaró su poder en esa palabra, <u>se limpió;</u> Él estaba pronunciando su propio sacrificio en la cruz a favor de todos los pecadores y dándonos a conocer que también levantaría y tomaría nuestras enfermedades.

Jesús sano a este hombre con la autoridad de hijo de Dios, pero no se quedó ahí, hizo lo que la ley requería, lo envió al sacerdote. Mirando este hermoso comportamiento de nuestro Señor de responsabilidad y respeto; aprendemos algo muy importante y es que no debemos precipitarnos.

Jesús nos limpia y nos perdona, pero debemos seguir algunas reglas antes de querer ser ministros. No te autodenomines. El propio Jesús Señor nuestro, respetaba las reglas. Deja que los ordenados, junto con la palabra de Dios te capaciten, para que puedas identificar cuál es tu llamado, para que puedas ayudar a otros a levantar sus limitaciones. Esto no quiere decir; que no eres perdonado. Lo que Dios ha limpiado nadie lo llame impuro. **Hechos 10:15**

Subraye <u>envío al sacerdote</u>.

Había razones por la cual Jesús envió este hombre al templo a que se presentara ante el sacerdote. El Señor, respetaba la ley y con eso lo dejó claro. Y esto fue más evidente el día que cumplió su promesa de morir por nosotros; al **ofrecerse como cordero** para expiar nuestros pecados. No hay condición que Jesús no pueda sanar. Él lo hace todo por amor. Un amor que excede a todo conocimiento. **Efesios 3: 19**

No importa cuál es tú condición. ¿Quieres ser limpio?

_____.

No importa cuál es tu condición, Jesús siempre está dispuesto y disponible. Él te ama sin límites. No necesitas hacer sacrificios de sangre, ni golpearte con látigos. Jesús recibio todos los latigazos por nosotros y entregándose a sí mismo, como cordero para ser sacrificado, que era lo que se requería en ese tiempo; y lo hizo por amor a todos nosotros. No tienes que hacer una cita y pagar una consulta. Jesús pagó todo en la Cruz. No tienes que pagar a nadie para que dé el visto bueno de tu perdón. Si Jesús te perdonó es suficiente. Él es el hijo de Dios que quita el pecado de mundo. **Juan 1:29**. Ahora ve incorpórate, nútrete de La Santa Palabra de Dios y muestra con humildad el resultado de haberte acercado al dador de vida. **JESUS.**

Un intrépido viaje para recobrar su salud con un resultado rápido y victorioso.

Saber que el resultado es de inmediato hace más refrescante el sacrificio de haber viajado lejos.

> **1-**Nuestro cuñado José Luis, siempre que nos visita suele decir; ¡Cuñada, con esta rica comida que usted me recibe, valió la pena haber manejado 3 horas y media!

Este viaje es mucho más desafiante.

2- Despues de haber parado para cambiar una llanta y notar, que no tenía llanta de repuesta. Entonces tener que emprender un viaje caminando, por casi una hora, para llegar al lugar donde te repararían o comprarías la llanta. Finalmente, feliz de haber llegado al lugar, pero encontrarte con la sorpresa de que el taller de llantas está en un quinto piso, y el elevador dañado; es cuando quieres rendirte y no seguir. Pero tomas la decisión de continuar. Al llegar arriba, te encuentras una gran sorpresa; alguien que está regalando llantas nuevas y en vez de una, te regala cuatro. Le monta en su carro, le lleva hasta el lugar donde dejo su auto sin llanta, coloca la llanta y le da un dinero para que compre gasolina. Todo este trayecto sería un viaje agotar, pero con un final feliz.

Estas dos historias pasadas, no se comparan con la siguiente.

Despues de todo lo has pasado y sigues de pie, los desafíos que has cruzado, las tentaciones que has vencido. Tengo una pregunta para ti, contéstala, despues de leer la siguiente historia.

¿Qué habría pasado contigo si te hubieras quedado sin luchar y como estarías hoy?

_____.

Demos un vistazo a esta historia que narra La Biblia.

La siguiente historia te ayudara en tu respuesta, si todavía no la tienes. Debemos un recorrido a ver que dice la **Biblia en Marcos 2**, sobre un hombre que vivió y padeció más que estos acontecimientos y cuál fue el resultado de su intrépido viaje.

Después de varios días fuera, Jesús regresó a casa, al pueblo de Capernaúm. Apenas se enteraron de que Jesús llegó, mucha gente fue a verlo. Era tanta la multitud que no cabía nadie más en la entrada. Entonces como siempre Jesús comenzó a anunciarles las buenas noticias.

4-De pronto, llegaron a la casa cuatro personas. Llevaban en una camilla a un hombre que nunca había podido caminar. Como había tanta gente y no podían entrar por la puerta, subieron al techo y abrieron un agujero. Por allí bajaron al enfermo en la camilla donde estaba acostado.

Cuando Jesús vio la gran confianza que aquellos hombres tenían en Él, le dijo al paralitico: **Amigo, te perdono tus pecados.** Y algunos maestros de la ley que estaban allí, comenzaron a criticar diciendo; ¿cómo es posible que este hable así? solo Dios puede perdonar pecados. Pero Jesús se dio cuenta y les dijo: Díganme, ¿qué es más fácil? ¿Perdonar a este enfermo, o sanarlo? Pues yo, El Hijo de Dios tengo autoridad para perdonar pecados.

Entonces le dijo al que no podía caminar: Levántate, toma tu camilla y vete a tu casa. En ese mismo instante y ante la mirada de todos, aquel hombre se levantó, tomo su lecho y salió de allí. Al verlo todos se quedaron maravillados y comenzaron a alabar a Dios, diciendo: nunca habíamos visto nada como esto.

Haciendo una reflexión de los acontecimientos con el paralitico y sus acompañantes. Las actitudes y reacciones de los presentes, el resultado de llegar a la presencia de nuestro Señor, y la insensatez de los maestros. Comenzamos por esa entrada inusual: Lo normal sería entrar por una puerta, y en este caso por la puerta principal; que al parecer sería la única, o quizás las demás también estaban invadidas por la multitud. Recuerdan que el frente estaba concurrido y era difícil para estos hombres entrar por ella como normalmente se debe hacer. Puesto, que me imagino esa multitud peleando por entrar y en medio de su afán se empujarían unos a otros. Pero sin vuelta atrás, era la actitud de estos hombres. Esta multitud de personas no logró parar el deseo de estos hombres que, con una fe sin límite en Jesús, con corazones compasivos y un amor sin barreras por su compañero paralitico, se treparon por el techo; y no solo eso, sino que rompiendo esa propiedad privada (abriendo un agujero en el techo), arriesgándose a ser detenidos o multados, todo para llegar a Jesús y que este paralitico recibiera la salud. Una enfermedad que quizás le había robado alegrías y sueños en toda su vida, como suele suceder en cualquier ser humano. Lo más importante es que no sólo recobró la salud física; sino también que recibió el perdón de sus pecados. Si recuerdan; Jesús lo primero que expresó al verlo fue, tus pecados te son perdonados.

Esto no quiere decir, que estar enfermo es por haber pecado. La biblia es clara y dice en **Juan 16: 33** Estas cosas os he hablado para que en mi tengáis paz. En el mundo tendremos aflicciones; pero confiad, yo he vencido al mundo. Estas palabras fueron dichas por nuestro Salvador.

Jesús conoce la condición presente, pasada y futura de cada persona, y, por lo tanto; reconoció la peor condición de este hombre, y de muchos presentes. Perdonar sus pecados era la prioridad. La reacción de los "maestros" no se hizo esperar; de inmediato comenzaron las críticas diciendo; ¿quién se cree? Solo Dios puede perdonar pecados. Y siguieron hablando dentro de sí blasfemias. Y conociendo Jesús sus pensamientos dentro de ellos, tampoco se hizo esperar y dijo; **¿porque pensáis mal en vuestros corazones?** con esa pregunta les deja saber; que conoce sus pensamientos. Y sigue hablando y les dice: **Que es más fácil, decir: Los pecados te son perdonados, o decir: ¿Levántate y anda?** Con estas palabras se presenta como quien tiene autoridad. Y para completar les hace ver una potestad que como hijo de Dios tiene y puede ejercer en la tierra, sin que nadie lo impida. Y dice entonces al paralitico: Levántate, toma tu cama, y vete a tu casa; y este hombre se levantó y se fue. Y toda la gente, al verlo, se maravilló y glorificó a Dios.

Nota

Todo lo que Jesús hace en nuestra vida lo hace con excelencia y aunque nuestra alma se desespera, siempre será lo que es prioridad.

¿Cuál fue el mejor resultado para tu vida, después de haberte acercado a Jesús?

_____.

¿ Dónde estabas cuando Jesús te perdono y te salvo?

_____.

Muchos suelen creer que las enfermedades físicas son las peores discapacidades. Aquí podemos ver, que Jesús tenía un concepto diferente al que muchos tenían en ese tiempo y que hoy muchos, aún tienen. Tenía y aún tiene la preocupación de que seamos íntegros, para Jesús el pecado es la peor limitación. **Este paraliza todas las virtudes y cancera el alma a todos los que le hacen suyo.**

Jesús conocía los pensamientos de este grupo de "maestros" y sabía que no eran íntegros y que necesitaban de alguna manera hacer un viaje intrépido a través de la palabra de Dios hasta llegar a aprender a escuchar; **Tus pecados te son perdonados**. Para Jesús no era difícil decir; Levante y anda, pero decidió dar a conocer que **el pecado es la parálisis más grande que afecta al mundo. Esta parálisis destroza todos los días una vida y familias completas.**

Jesús te hace una invitación a entrar a su hospital hoy. Él quiere que tu al igual que el mundo entero, seas liberado de esa limitación tan cruel. Esta parálisis trae consigo más enfermedades, las cuales afectando el alma y provocan una miopía, que no deja ver a Dios con su amor transformador. Emprende tu viaje ya, ¡Jesús está en casa! El levantará esa parálisis y quitándole toda autoridad te hará caminar hacia un mundo mejor.

¿Cuál fue la peor enfermedad que Jesús te sanó? _____.

¡Que gracia tan hermosa! Su misericordia hoy (tercer tiempo) sigue siendo la misma, podemos clamar por su ayuda y ese milagro llega como lluvia de bendición en tiempo de sequía. Solo necesitamos querer ser limpios y Él nos limpiará.

Hay resultados que traen consecuencias inesperadas.

En el caso del hombre sanado de lepras, Jesús le pidió; que no divulgara su sanidad. Esto quizás se debía a que Jesús no quería ser motivo de fama. No quería distracción para que sus obras de sanidad y salvacion no fueran motivos de espectáculo. Él no estaba interesado en la fama puesto que estaba aquí de cuerpo presente (Segundo tiempo) en la tierra haciendo su trabajo de sanar y salvar como redentor del mundo. No era un espectáculo el que dirigía, fue y es un arduo trabajo por amor. Quizás no quería intervenciones. Pero este hombre desobedeció, aún fuera por agradecimiento, esa desobediencia trajo consecuencias.

Estoy consciente que más atrás les dije; que debemos ser agradecidos y dar testimonio de las obras de nuestro Señor, cuya decisión es perfecta. En este caso debemos aprender que obedecer es ejercer una virtud. El pedido de nuestro Señor era con sentido, no quería distracción.

Muchas veces hacemos cosas y tomamos desiciones, que para los ojos naturales son buenas, pero que Dios jamás nos mandó a hacer.

Nota

¡La desobediencia trae resultado y este siempre es reprobado!

Pero este hombre comenzó a dar gritos de sanidad y decía que Jesús le había sanado. No debió hacerlo, puesto que el mismo Señor, que le había sanado le pidió que no lo hiciera. Usando la escatología podemos imaginar que este hombre desobedeció u olvidó lo que Jesús le había pedido; quizás fue invadido de alegría y agradecimiento, quizás la emoción lo traicionó. Pero esta desobediencia hizo que Jesús no pudiera caminar libre por la ciudad. Es irónico, que antes que este hombre fuera curado Jesús podía andar por toda la cuidad y el no. Ahora el que no puede andar por la cuidad es Jesús y él sí. Es la razón que siempre digo; el mundo sigue hoy igual de injusto, sin amor y sin respeto, desagradecido y retorcido. ¡Necesitamos a Dios y su misericordia!

¿Cuantas veces vemos los hospitales llenos de enfermos y cuando entramos para orar por ellos, la mayoría del personal se molesta con nosotros? Más cuando estos enfermos se interesan por reciben la oración. Reciben la oración y muchos sanan. Luego nos prohíben entrar al hospital.

No es mejor tener libre al que hace el bien, ¿qué libre al que hace el mal?

_____.

¿No es satisfactorio que los enfermos sanen, a que estén postrados?

_____.

¿Qué haríamos sin ese sacrificio que hizo Jesús por todos nosotros y cuál sería el resultado sin ese sacrificio?

_____.

Dios siempre cumplirá sus promesas. El resultado de tu liberación o sanidad no llegará sólo; Serás restaurado en los lugares que fuiste desechado y apartado por tu pasado, porque Dios todas las cosas las hace nuevas, cuando tú decides caminar con El. Todo lo que perdiste cuando andabas en el mundo sin Dios, te serán de vueltas; el amor de tu familia, la inteligencia, la sabiduría, un nuevo y mejor trabajo y tus amigos más que hermanos, todos te abrazarán. De donde sea que Dios te haya sacado no vuelvas atrás. No tengas miedo porque, en la curva más cerrada del camino ahí estará Dios contigo.

La Biblia dice en **Proverbios 26:11** Como el perro que vuelve a su vomito, así es el necio que repite su necedad.

Cada vez que veía las noticias, cuando era una adolescente y escuchaba decir a los reporteros estas palabras; Estas personas son insensatas, las autoridades de salud junto con las autoridades correspondientes de las viviendas, los sacaron de ese lugar y los llevaron a vivir a apartamentos lejos de este lugar; Porque ese lugar se inunda cada vez que llueve y con el aumento de las aguas del rio ellos quedan desamparados. Mas ellos venden los apartamentos y se vuelven a sus lugares de antes. Lugares que tiene una paupérrima condición y pueden enfermar a sus niños y ancianos.

¡No vuelvas atrás!

Muchos mostrarán ingratitud, olvidarán que fueron rescatados y libertados; comprarán cadenas, volverán al lugar viejo y se atarán de nuevo. Algunos simplemente se irán sin dar las gracias a lo que por gracia (un regalo inmerecido) recibieron.

Nota

Se agradecido y testifica con humildad lo que Dios ha hecho contigo y sigue en libertad.

Jesús dijo: ¿no son diez los que fueron limpios?

La Biblia habla, en **Lucas 17: 11-20** de diez leprosos que fueron limpios por Jesús cuando El pasaba entre Samaria y Galilea. Estos le salieron al encuentro y se pararon de lejos y alzaron la voz, diciendo: ¡Jesús ten misericordia de nosotros! Y Jesús les respondió, id, y mostraos a los sacerdotes. Y mientras iban de camino a ver los sacerdotes, fueron limpios.

Este **verso 15** es el primero que llama mi atención. **Uno** de ellos, viendo que había sido sanado, **volvió, glorificando a Dios a gran voz**, y se **postro rostro en tierra ante Jesús dándole las gracias**. Observa el segundo verso que me llama una vez más mi atención **verso 17**. Jesús le dijo: **¿No son diez los que fueron limpios? ¿Dónde están los nueve?**

Pero ser agradecidos, para este samaritano fue su salvacion. Y el tercer que tiene mi atención es el **verso 19** y Jesús le dijo; **Levántate, vete; tu fe te ha salvado**. No fue solo sanado, sino que su nombre fue inscrito en el libro de la vida.

Un grupo mostrará su agradecimiento. Harán saber a gritos de regocijo; que Jesús les libertó, les sano y les salvo. Dios les dará nuevos horizontes, más hermoso de lo que jamás imaginaron. Dios muestra su amor y su misericordia y te eleva a lo más alto. El da perdón de pecados y una restauración que trae como resultado la nueva vida en Cristo. Cuando nos acercamos a Jesús con una actitud humilde a través de la oración y pedimos ser transformados, Él nos transformará por completo. Cuando Dios nos rescata del lodo cenagoso, del mundo sin Dios; donde corríamos y no teníamos destino, esto también es una sanidad. Pero al igual que en aquellos tiempos, (primer y segundo tiempo de la Biblia) Necesitaremos de alguna manera ser instruidos y nutridos para que tengamos conocimiento de cómo vivir nuestra nueva y que requiere de nosotros, para que la mantengamos.

Nota

La salvacion es un regalo de Dios. Ahora, si tiras ese regalo, quiere decir que no lo quieres. No es que perdiste la salvación. Si te vuelves al lugar de donde Dios te sacó, con esa actitud revelas que no estas interesado en mantener tu regalo. Nadie te lo quito. Tú, lo tiraste. Si lo quieres, debes ir por él y mantenerlo.

¿Es opción? _____.

¿O es responsabilidad? _____.

¿Tirarías por la borda un anillo de Diamantes que te regalo la persona que más te ama?

_____.

¿Correrías a ponerte el anillo de fantasía barata que tenías antes?

_____.

¿Si lo tiras o lo abandonas, fue que te lo quito la persona que te lo dio?

_____.

El resultado de vivir en Cristo es ser nuevos y esto significa; que todo lo malo, lo que no da luz y roba paz se quedará atrás. Desde hoy tienes la identidad de Él. Así lo dice La Biblia en **2 Corintios 5:17** De modo si alguno está en Cristo nueva criatura es; las cosas viejas pasaron; he aquí todas son hechas nuevas.

Dentro de esas nuevas cosas, está el adquirir conocimiento de tu nueva vida en Cristo. **Es obvio, que puedes dar tu testimonio y mostrar agradecimiento.** Hablar de las maravillas que Dios ha hecho contigo es una manera de ser agradecido del gran rescate, que

Jesús hizo por ti. No te preocupes por el qué dirán. **Los burladores, son perdedores.**

Recuerda hoy (tercer tiempo) ya Jesús murió, resucitó y dejo a su Espíritu Santo, y su obra se extendió por toda la tierra. El sacrificio en la cruz jamás será ignorado. Jesús quiere que seas portavoz de las buenas nuevas de salvación, pero, al igual que los discípulos deberás seguir a Cristo para ir tomando forma de ese nuevo ser que representas. La manera más directa de seguirlo será a través de un profundo recorrido por Las Sagradas Escrituras, oración y ayuno. Conocerás mejor a tu modelo a seguir.

Eres nueva criatura; eres limpio de tus pecados. En esa nueva condición, tu corazón estará disponible y dispuesto para la enseñanza; Esa enseñanza será la fuente para desarrollar tu nueva vida. La palabra de Dios te traerá un anhelo torrencial del saber más cada día. Querer conocer todo sobre tu Señor y Salvador será un reto; Sobre todo, que Jesús es El Gran Levantador de tu dolor.

Es necesario pasar por ese proceso de estudios, oración y ayuno; el cual mostrará un resultado y este hablará por sí solo. Conocerás cuál es tu llamado y entonces serás incorporado al equipo de trabajo para el Reino. Sentirás un llamado de amor, que nunca podrás rechazar, lo desarrollaras en el lugar donde te toque estar.

Continuemos hablando un poco más de aquel hombre que fue limpio de lepra. Se requería gran valor de parte de este hombre leproso acercarse a Jesús. Puesto que, bajo la ley de Moisés, quienes sufrían de lepra (termino empleado para varias enfermedades de la piel), se les excluía de la comunidad. Tenía que mantenerse a distancia y gritar "inmundo" cómo advertencia para evitar que se les acercaran demasiado. (precauciones para impedir contagio). Este hombre tuvo que pasar un proceso que, aunque sabía que estaba limpio debía confirmar su sanidad por el cumplimiento de la ley. El resultado de respetar esa regla le devolvía derechos y lo retornaba a su familia. ¡Un empoderamiento ganado!

Nota

Jesús vino a dar vida y la da en abundancia. Un Seguro de Vida Full, llamado Vida Eterna.

Fue de gran valor que usted al igual que este hombre leproso se acercara a Jesús. Querer ser sanado y transformado por Él, le hará perder el miedo de incorporarse de donde su estado pasado le había apartado. Quizás la sociedad le había rechazado por tener algunas limitaciones; estas podrían haber sido de enfermedades físicas o psicológicas. Quizás adicciones u otras, pero **Dios muestra su amor y su misericordia y te eleva a lo más alto, y llegando a los pies de Jesús, Él ve tu sufrimiento y lo levanta y tomándolo para sí, te hace libre de este**.

Jesús, el único que no te rechazara y sin temor no sólo te perdona, sino que te abraza y promete estar contigo en cualquier turbulencia que llegue. Jesús calmara los vientos hasta llevarnos a la Patria Celestial!

Un resultado excelente de escudriñar Las Sagradas Escrituras.

Con estas declaraciones no buscamos incomodar o juzgar. Queremos expresar con amor y respeto que debemos ser instruidos por la palabra de

Dios, así como lo hicieron nuestros antecesores en la Biblia.

Muchos han recibo al Señor en sus corazones, otros han venido por sanidad de cualquier pecado; Dios les ha perdonado, sanado y salvado. Él ha hecho un trabajo excelente con todos nosotros. Esto no quiere decir que ya son maestros y guías de inmediato y más, sin haber recibo instrucciones Bíblicas. Para que tengamos resultados positivos, al igual que David recibió estrategias militar y educación del área para la cual debía trabajar por El profeta Samuel y los discípulos por Jesús, necesitaras ayuda.

Todos somos sus hijos, pero todos estamos en la obligación de ser instruidos para saber qué es lo que nuestro Padre quiere de nosotros y como debemos caminar para lograr ser parte del equipo de trabajo de su reino. Muchos se apresuran para salir corriendo, sin saber dar pasos y apenas gatean. En el primer intento de volar sin saber caminar se caen, y como no tuvieron guía, se quedan postrados, o en su caída arrastran a otros.

Aprender más de La Biblia te ayudará con los obstáculos que se presentarán en esta nueva vida. ¡No todo es color de rosas, también hay espinas! Muchas veces sentirás que la enseñanza es como una espina que te clava y te fastidia, pero permíteme decirte; que no hay rosas sin espinas. Esas espinas están para que las rosas se protejan de los intrusos. No faltaran esos intrusos en tu nueva vida. La Palabra de Dios, está para guiarte y ensenarte a cómo protegerte del intruso más fastidioso, el enemigo de las amas. Yo, le llamo el **otro,** para no darle fama.

¿Te imaginas enfrentándonos a Goliat, vestidos con armaduras de guerreros y para colmo, sin tener la experiencia de cómo usar esas armaduras? Esas vestiduras de los guerreros pesaban tanto, que David optó, por derribarlo con una honda, en nombre de Dios. Como ya sabes, que nuestra lucha no es contra sangre ni carne, entonces necesitamos preparación. (lectura de La Palabra de Dios, oración y ayuno). David con una honda, **en nombre de Dios** y esa fe inconmovible se fue contra este guerrero mal intencionado y lo derribó al instante. Debemos conocer al Dios que le servimos, escuchando su voz a través de las Sagradas Escrituras y tendremos éxito. Pero, es bueno recordar, que no siempre se presentará la ocasión de usar una honda. Habrá ocasiones que tendrás que usar todas las armaduras fe. Esta es una de las razones por la cual David se dejó educar, instruir y guiar, para presentarse como un guerrero, preparado para toda buena obra.

Si quieres ser rey gánate la corona.

Aprender sobre las armaduras con las que enfrentaras al mundo sin Dios, será la clave para que no te agites, ni tengas miedo. Es de suma importancia para que no tomes iniciativas naturales que casi siempre conducen a camino de destrucción. Al ignorarlas, quizás Goliat en nuestro primer desafió, nos comería vivos. las Sagradas Escrituras, nos enseña a llevar el Escudo de Fe y las Armaduras de Dios en todo tiempo y en cada lugar sin sentir peso. Tener el pleno conocimiento de cómo usarlas en el momento de ser atacados por las huestes de las tinieblas nos libraría de rendirnos ante estas. Un hijo de Dios aprobado para toda buena obra es aquel que escucha la voz de su Dios y padre. Sin dudas las armaduras de Dios derribarían a cualquier Goliat de inmediato, y entonces te coronaras como rey.

Hay poder en nosotros del resultado de servir a Dios.

Con esto, quiero decir; que escudriñes La Palabra de Dios siempre. Que hables de Jesús y de su amor transformador. Proyecta esa nueva vida de esperanza. Esta es motivo de fiesta en los cielos y en la tierra. Estabas ciego y ahora ves, perdido y encontraste el camino. Prodigo y eres recibido. Apartado y fuiste incorporado. Mi hermana Ross dice **¡De nada a Prada**! Estoy de acuerdo con ella, éramos trapo de inmundicias y ahora somos vasijas de honra en las manos de nuestro alfarero.

Ser valiente y agradecidos, nos hará saltar de felicidad. exclamaremos en alta voz que Jesús nos perdonó, nos sanó y nos salvó. **¡Nadie podrá callar tu voz!**

¿De qué Dios te sano?

_____.

Aquel hombre que fue sanado de lepra por su humildad, confianza, valor y determinación de acercarse a Jesús, el resultado fue mayor de lo anhelado. Tan pronto fue limpio, Jesús le envió al sacerdote para cumplir con la ley establecida y terminar la ceremonia de Purificación en **Levítico 14:1-20** podemos leerla.

No te apresures déjate instruir y sigue aprendiendo.

Todo proceso trae su victoria, cuando en manos de Dios caemos. Este hombre leproso, estuvo privado de sus derechos. Fue desterrado de la sociedad, le habían negado la oportunidad de seguir desarrollándose en ella. Había sido apartado y desechado de su propia familia por su condición. Mas Dios muestra su amor y misericordia a través de Jesús y cambia su panorama triste por una incorporación maravillosa.

¿De dónde te habían apartado antes de tu encuentro con Jesús?

_____.

No temas, el resultado del valor de seguir y cruzar todas esas barreras, te hará victorioso con Jesús. El Espiritual Santo dará testimonio de tu nueva vida en Cristo y seguirás floreciendo. Es tu responsabilidad continuar frondoso.

¿En qué fuiste incorporado, después de tu levantamiento?

_____.

¿Cuál es tu meta ahora?

_____.

Nosotros debemos hablar a otros de ese amor restaurador y salvador. El resultado de un amor sin prejuicios, por el cual vemos vidas transformadas, matrimonios restaurados, familias enteras reunidos y almas salvadas. No buscar el aplauso y la gloria, para no perder el camino. Demos de reconocer que cuando se habrá el telón, Jesús es el centro. Estamos sirviendo para el reino. Es un deber hermoso como hijos de Dios compartir su amor. Jesús siempre predicó con ese amor salvador y que da vida. Al igual que Él lo hizo, nos dejó un mandato a todos los nosotros. ¡Id! La biblia dice en **Marcos 16;15** Y les dijo: Id, por todo el mundo y predicad, El Evangelio a toda criatura.

Jesús no sólo le dijo a este hombre leproso quiero sanarte, sino que se acercó y le tocó. El miedo de ser contagiado no le invadió. Cualquier rabino en ese momento habría gritado; ¡aléjate de mí! Mas Jesús tuvo compasión de él.

¿Qué te conmueve a ti, hoy?

_____.

Viendo el acto de amor y el humilde trato de Jesús por este hombre leproso, lo cual me traslada a este tiempo; haciéndome pensar y me invaden las preguntas, anhelando respuestas de mi propio ser y de los hermanos en Cristo, me hago esta pregunta:

¿Cómo debemos nosotros tratar a persona con un estado actual crítico, sea físico o emocional?

_____.

Muchas veces vemos personas sufriendo, quizás no de enfermedades físicas, pero sí del alma.

Atormentados por los acontecimientos de este mundo, en contra de los estatutos de Dios. Algunos sufren por maltratos de ignorantes y abusadores. Muchos de estos están siendo ignorados, o rechazados, y algunos hasta olvidados. Debemos actuar de la misma manera que Jesús lo hizo; un trato con sabiduría y misericordia cuando ellos se acercan a nosotros por ayuda espiritual o consejería. Nunca juzgarles y darles solución.

Una manera correcta será siempre escucharlos y después de orar, buscarles ayuda profesional adecuada en el área que necesitan, algo muy importante es darle seguimiento. No dejarles solo en su proceso será de ayuda para que ellos tengan un buen resultado. Esto no quiere decir que ellos no son valientes, esto quiere decir que los amamos y nos importan. Nosotros tenemos la plena confianza en nuestro Dios de poder, que aún sigue haciendo milagros. El no falla.

¡Ven a Él y no te detengas!

Jesús nunca olvidó a que vino, ni su propósito. Su anhelo era ver el resultado de su meta hecha realidad; Sacrificio, salvación y vida eterna. Este es el anhelo del verdadero creyente en Cristo, que todos reciban la sanidad del alma, a través de Jesús, para que al igual que nosotros, estos puedan alcanzar la salvacion y vivir una vida mejor. Esta salvacion es gratuita y no una transacción económica como muchos la hacen ver.

Nota

No necesitamos pagar a nadie para rescatar almas. Esta es una salvación sin prejuicios.

La muerte de Jesús trajo como resultado: liberación de pecado, protección del alma y salvacion eterna (Regalo inmerecido, pero que Dios quiso darnos. (No fue una venta).

Autor y protagonista, Jesús de Nazaret.

Oremos

Amado y excelentísimo padre Celestial, te pedimos por favor; nos des sabiduría, amor y compasión para tratar a nuestro prójimo, así como tú lo hiciste y lo sigues haciendo. Queremos ser sensibles al dolor ajeno y movernos por tu orden y no por nuestras emociones. Ayúdanos a ser compasivos con todos; porque aún sin merecerlo cuando acudimos a ti, en el momento más deplorable de nuestra vida, tomas control de nuestras limitaciones y nos haces libre. Te lo pedimos en nombre de Jesús Señor Nuestro. ¡Amen!

COMIENZA BIEN
TERMINA BIEN
(Se fiel a Dios)

La vida, tiene un camino que debemos siempre seguir, nunca dar pasos atrás. Siempre seguir a delante, si caemos debemos levantarnos y continuar. Detenernos para perder tiempo jamás.

¿Puedo hacer un alto?

_____.

Una manera de hacer un alto: Sólo para abastecernos de lo necesario para seguir adelante. Cuidándonos y llenándonos de lo que se está agotando. Siempre usar una salida que nos llevará de vuelta al camino real, sin perdernos. Afrentar los problemas con valor.

Comenzar bien y terminar bien aún en los desacuerdos.

Ser fiel a nuestro Padre Celestial a pesar de los desafíos que se presenten en el camino. Puede que muchos comienzan bien, sin ignorar que pueden presentarse esos desafíos. Tendrán que tomar algunas decisiones como detenerse momentáneamente por alguna razón, continuar por compromiso y terminar por respeto.

¿Será que habrá pautas a seguir para terminar bien?

_____.

¿Habrá razones, que lo impidan?

_____.

¿Serás saboteado en el camino, o te sabotearás a ti mismo? ¿Como puede pasar eso?

_____.

jugarán su papel en el éxito las siguientes:

1- **La Integridad** (Reconocer a Dios en todo).

2- La Resistencia

3- El Carácter

4- y la obediencia

Dejemos que Dios dirija nuestra salida y nuestra llegada.

¿Cómo logramos esto?

_____.

1- A través de una vida de obediencia a nuestro Padre Celestial.

2- Manteniéndonos debajo de su cobertura.

3- Respetando su palabra.

La Biblia dice en **Josué 1:9**

Mira que te mando que te esfuerces y seas valiente; no temas ni desmayes, porque Jehova tu Dios estará contigo en donde quiera que tu vallas. Estas palabras fueron dadas a Josué. Y hoy, Dios sigue dando palabras para ti, para que te mantengas firme en El. Aunque el mundo sin Dios siempre quiere conquistarnos, no podrá. **Romanos 8:37** dice; pero en todas estas cosas somos más que vencedores por medio de aquel que nos amó.

Dios está preparando a Josué para la conquista. Le da las pautas a seguir, para que este sepa, que en todo lo que obedeciera, ahí estaría Dios con él. Aunque sabemos que el no puedo llevar al pueblo completo a la tierra prometida, pero de toda la población judía adulta, él y Caleb por su **obediencia**, por **reconocer el poder de Dios** en la derrota de sus enemigos y por **su lealtad,** entraron a la tierra que posee leche y miel; La tierra prometida.

Jehova, le pide a Josué:

1-Que Sea valiente.

2-Que se esfuerce.

3-Que cuidara de hacer todo conforme a la ley. Le pide, no se aparte de la ley ni a diestra, ni a Siniestra. (ni a la derecha ni a la izquierda).

4-Que no se aparte de su boca el libro de la ley. (Que hable verdad)

5-Que medite en la Palabra del libro (Que no se precipite) para que pueda hacer todo conforme a lo que está escrito. Y este las siguió paso por paso. (obedeció)

Entonces sí, hay pautas (reglas)...... Pero muchos optan por romper las reglas, para no seguirlas. Aun tengan escritas todas estas, las pasan por alto, para su conveniencia.

Nosotros siempre recordamos al Pastor José G. Minay. ¡Un chileno con un corazón mundial! Fundador de las iglesias de Dios en Sudamérica y Centro América. En su último mensaje en Miami Florida dijo; Jesús comenzó bien y termino bien; aunque padeció, Él nunca se salió del camino hasta llegar ver cumplida la palabra, (un sacrificio redentor) era la meta final.

Dios nos da siempre la oportunidad de terminar bien. La única manera para llegar al final bien es respetando esas instrucciones. Leerlas cuidadosamente y seguir paso por paso las reglas y obedecerlas.

Si compras un librero y tienes que ensamblarlo; si no lees las instrucciones antes de armarlo, no colocarás todas las piezas en el lugar correcto. Te sobraran tornillos. Al terminar tu proyecto, encontrarás varios defectos e inmediatamente culparás al vendedor o al constructor.

Muchas veces has culpado a Dios de cosas que te pasaron. Crees no ser responsable de ellas, pero fue tu decisión no seguir las reglas. Dios no es responsable de nuestras malas decisiones. Las consecuencias de estas las sufriremos. Él quiere que toda su creación termine bien. Es la razón, que Jesús tomo forma de hombre y dándose como cordero vino y sé sacrificó, para darnos la oportunidad de llegar a la eternidad y reinar con Él.

¿Quién fue el responsable de que el librero no terminara bien armado?

_____.

¿Quiénes son los que terminan mal, los que siguen las instrucciones o los que las evaden?

_____.

Analicemos

1- La manera descarada de coquetear con el pecado, traerá grandes desastres. Aquellos que siempre dan riendas sueltas a su libre albedrío, dejando la puerta abierta a todo lo que es de agrado a la carne, cerrando la posibilidad de ver la instrucción correcta para terminar bien.

2- Cuando perdemos el contacto con Dios, indica que salimos de su cobertura y es ahí, cuando comenzamos a perder capacidad y luego perdemos hasta los frenos. Entonces será difícil terminar bien. **Es nuestra responsabilidad de cuidar el carácter, ser íntegros, y mostrar obediencia.** La Biblia dice en **Proverbios 10: 9** El que camina en integridad anda confiado; Más el que pervierte su camino será quebrantado.

La biblia habla en **Jueces 16** sobre la historia de un hombre con todas las de ganar, pero optó por no respetar las reglas de su Señor. Esto es precisamente lo que le ocurrió a Sansón.

Un plan perfecto y una desobediencia que derrumbó todo. Dios tenía un plan para la vida de este hombre, pero él mismo saboteó su bendición, con ese carácter que tenía; el cuál lo dejó espiritualmente miope, sordo y en vergüenza ante la gente que habían visto el gran talento que poseía y sabían que Dios lo había lo había elegido para un propósito. Este hombre nunca buscó la Conección con Dios. No mostró humildad ni capacidad de aprendizaje de las cosas espirituales. Si hubiera buscado a Dios, hubiera alcanzado sabiduría para regirse y dirigirse en medio de un pueblo lleno de rebeldes, desobedientes y catastrófico.

Confió en una mujer que no tenía a Dios como centro de su vida. **Recostó su cabeza en la falda equivocada.** Abrió su boca y uso su lengua cómo corral sin puerta. Corrió a prisas de Dios como caballo desbocado y reveló el secreto de su fuerza. Este hombre coqueteó con el pecado y fue traicionado, porque él tampoco fue íntegro. Consintió una mujer con un corazón entenebrecido y una lengua llena de serpientes, en vez de consentir a su Dios.

Debemos tener cuidado a quién le abrimos nuestro corazón y de qué cosas podemos hablar con esta persona. No siempre quien está dispuesto a escucharte, guardará tu secreto y te ayudará a levantar tus limitaciones. Puede que, en vez de darte palabra de vida, para que llegues bien; ¡te grite muerte! Este hombre dividió, su lealtad entre Dios y el diablo.

Nota

La lealtad no se divide.

Este hombre nunca reconocía sus pecados. Acusaba de sus fallas a los demás. Al igual que hoy, muchos culpan a los demás y hasta se atreven a remeter contra Dios, culpándolo de sus patochadas y quieren buscar bloqueadores (excusas) para salir airosos de sus pecados. Han olvidado:

1- Que el ojo de Dios siempre está ahí. Para fieles e infieles.

2- Que el Espíritu Santo vive en los que verdaderamente le sirven y que Él, discierne todo.

No somos perfectos, todos cometemos errores, pero el que reconoce sus errores, se libera, se levanta y Prospera.

Llegar bien implica atender al llamado de Dios de ponernos a cuentas clara con Él. Negarnos al aprendizaje de su palabra y tirar por la borda sus mandamientos, es abrir un camino a la derrota. La Biblia dice en **Proverbios 1:7** El principio de la sabiduría es el temor de Jehova; los insensatos desprecian la sabiduría y la enseñanza.

Para continuar y llegar bien, debemos adoptar actitudes que nos hagan crecer en sabiduría, esto es producto de la fuente del amor de Dios en nuestros corazones.

Nota

La prudencia e integridad nos ayudarán a tomar buenas desiciones en cada situación inesperada.

Sansón, tenía todas las de ganar. Era Nazareo, sus padres recibieron las instrucciones de un ángel de Dios, para que él fuera dedicado al servicio su servicio. Estas órdenes no eran cualquier cosa, eran muy estrictas.

1-   Fue anunciado por un ángel.

2-   Fue un israelita dedicado a Dios.

3-   Poseía dones extraordinarios.

4-   Era un hombre con una fuerza no común.

Con sólo una mandíbula de un burro mató todo un ejército y sin armas mataba a animales feroces. Con todas esas características puedo haber liberado a su pueblo del yugo de los filisteos. Su tarea era ser libertador del pueblo de Israel y con todo lo que poseía debió haber triunfado.

Dios nos capacita y promete estar con nosotros. Es nuestra responsabilidad, seguir sus instrucciones y entregar con respeto. Esto significa nunca salirte de la cobertura de Dios.

Reflexión

Beth vas a salir? sí. Voy a mi chequeo médico de rutina. Este bien amor. Cuida de no lloviznarte. Recuerda mantener tu sombrilla contigo, el día menos pensado llueve y tú no puedes dejarte mojar. Y la advertencia sigue; Recuerda eres asmática y esas aguas están muy contaminadas y debes protegerte...Comienza la lluvia.... (Beth) sacó su enorme paraguas. su destino, una cita médica. En el camino decide hacer una parada, cambiando su destino. Una inapropiada parada, pues alcanza a ver algo que le gusta mucho ¡una tienda de zapatos!. Toma su sombrilla y comienza a caminar para entrar a ese lugar.

1-**Lugar al que yo no debía ir ese día.** De pronto pierde el control y dejo caer la sombrilla. Se quedó a la intemperie.... Y comienzo a empaparse de agua. Llego enferma.

2- Desobedeció desafiando la lluvia por un desvío innecesario. Y en su búsqueda por obtener lo que quería, y no lo que debía, perdió el control de lo que le cubría, la sombrilla.
3- No llego bien a su cita médica de rutina, ni a casa. Llego con fiebre y dolor de cabeza. Comenzó a usar todos los recursos de excusas posibles, para defenderse. Su esposo le dijo; Cariño no debiste desviarte. No hay excusas que valgan.

Y luego usamos cualquier bloqueador, para culpar a Dios y a todos los que nos rodean; para evadir toda responsabilidad.

¿De quién fue la falta?

1- De La sombrilla? _____.

2- De La Lluvia? _____.

3- ¿De quién le advirtió ? _____.

4- o la culpa fue de Beth? _____.

Dios no es culpable de nuestra irresponsabilidad. La desobediencia siempre nos cuesta más de lo que nosotros imaginamos. Sansón no llegó bien. Se opuso el mismo, a recibir lo que Dios tenía para él; Esa desobediencia tuvo un costo bastante alto.

La derrota de este hombre comenzó con la falta de carácter. Una debilidad que nunca levantó. La falta del aprendizaje espiritual lo incapacitó. Nunca quiso que los conocimientos espirituales fueran su gran levantador de esa tan enorme y fea limitación. **Es ahí donde nos damos cuenta de que las limitaciones están en aquellos que no piden ayuda y en los que no se dejan ayudar.** Esto trajo consigo el jaque mate de su vida. Si él hubiera conectado humildemente con Dios y hubiera buscado la dirección espiritual del pueblo, todo hubiera recurrido de forma diferente.

Nota

Con frecuencia el pecado tiene una apariencia seductora, pero, detrás de esa apariencia sólo hay muerte.

Nadie que ama el pecado, puede seguir guiando y llegar bien. Este pecado le cobró de forma terrible a Sansón.

1- Eligió a una mujer filistea, que era pecado para él.

2- Organizó una fiesta con bebidas alcohólicas, lo cual era prohibido para él. Por ser nazareo, no debía tocar ni el jugo de uva.

3- En vez de arrepentirse siguió dándole rienda suelta a sus deleites.

4- Trató de impresionar a sus compañeros con un enigma para obtener de ellos con engaño, treinta costosos vestidos.

5- Luego de perder la apuesta, mató a sangre fría para robar. Y muchos desaciertos más.

Pero este hombre seguía de pecado en pecado. Su mujer lo hizo confesar el secreto del enigma. Ahí fue donde calló más dentro del horno de pecado. Perdió su apuesta y para pagar esa deuda, mató a treinta hombres para quitarles sus valiosas vestiduras. Al terminar su boda este hombre, estaba lleno de problemas y nada de arrepentimiento.

Él estaba consciente de lo que hacía. Tuvo la oportunidad de recapacitar y no lo hizo. Después que Dalila lo traicionó él pudo haber tomado la decisión de alejarse de ella y buscar el perdón de Dios y ganarse la confianza del pueblo.

Esta mujer poco a poco fue conociendo a este hombre y descubriendo todo lo que él tenía en su corazón. **Recostar su cabeza en estas piernas equivocadas y prohibidas, le salió costoso a Sansón.** Este es un vivo ejemplo de aprendizaje, para tener en cuenta; de no casarte con yugo desigual. Dios es ordenado y sabe lo que nos conviene.

Nota

Cuida a quien le confías tus secretos. Ten cuidado de creerte que eres más fuerte, más poderoso e inteligente que Dios.

6- **Sansón** confesó el secreto de su fuerza al corazón equivocado (Dalila) incumpliendo con el mandato de Dios para su vida **Jueces 13** narra su nacimiento y como seria su educación según el Angel de Dios.

A) No beber vino ni sidra

B) No comer nada inmundo

C) No pasar navaja sobre su cabeza por ser nazareo a Dios.

La historia sigue en el **capítulo 16:20** esta mujer hizo que este hombre se durmiese sobre sus rodillas, raspó su cabeza, cuya fuerza estaba escondida ahí. **Lo echó a la suerte, le sacaron los ojos y lo metieron a la cárcel.**

Su desobediencia fue el Jaque mate. Acariciar el pecado trae destrucción y muerte. Les invitamos a que abra su Biblia y lea en **Jueces 16:23-31.**

¿Como terminó y cuál fue la consecuencia de su desobediencia ?

_____.

El pecado trae muerte y destrucción la Biblia en **Jueces 16:30 dice así** y dijo Sansón: Muera yo con los filisteos. Entonces se inclinó con toda su fuerza, y cayó la casa sobre los principales, y sobre todo el pueblo que estaba en ella. Y los que mató al morir fueron más que los que mató en toda su vida.

Nota

Cuando no puedas seguir con tu responsabilidad, pasa la Vara con honor. Si has pecado, arrepiente y continua con éxito hacia tu nuevo reto. Si no has pecado y estas agotado, admítelo y pasa la vara. Eso también es terminar bien.

MI CORAZON ARDE Y POR AMOR DEBO HABLAR

Cuando diga **MI CORAZON ARDE**, lo que quiero decir es que observo el entorno y no quiero callar. Amo ayudar a quien se deja ayudar, oro por los que no se dejan ayudar y me alejo de los tóxicos. Pido ayuda cuando la necesito. No quiero parar de aprender y hablar de Dios me hace feliz. Descanso cuando estoy agotada. Paso la vara cuando no puedo hacer las cosas a la manera de Dios y para no dejar tirada mi misión.

Quiero que, a través de la lectura de La Palabra de Dios, descubramos que la vida tiene sentido aún en medio de sufrimientos y de circunstancias absurdas. Que es mejor ser íntegro y pobre, a que te lleven a la cárcel por ladrón. Que no hay nadie más hermoso que aquel da amor, se ama así mismo y respeta a los demás. Jesús dijo en **Mateo 22:39** Que este es el segundo mandamiento. Amarás a tu prójimo como a ti mismo.

Que no debemos envidiar la vida del próspero, ni desear sus posesiones. Que debemos hacer nuestro propio esfuerzo por adquirir lo necesario y lo anhelado, siendo diligentes siempre. Que las opiniones de los que no viven en buen estado, no deben ser prioridad. Cuando digo buen estado, me refiero a la integridad. Que los cristianos somos una familia y no debemos destruirnos entre sí.

Nota

Los que somos del reino no hacemos criticas destructivas, buscamos la dirección de Dios en todo y nunca hacemos fiesta por el dolor de los demás. Mi abuela decía "no hagan leña del árbol caído" Esto quiere decir; cuando algún miembro del cuerpo de Cristo sufre alguna contrariedad, no debemos sacar provecho de esa circunstancia.

Ayudemos a levantar las limitaciones de aquellos que quieren ser ayudados y a orar por los que no se dejan levantar esas limitaciones. Dios lo hará por nosotros. Pablo siempre en sus mensajes al igual que nuestro Señor Jesucristo, mostraba su preocupación de ayudar a que todos caminaran dentro su nueva vida conforme a la palabra de Dios, y que si necesitaban ayuda ahí estaba él. Pablo no estaba enseñando que él era perfecto, y nosotros tampoco lo somos. Estamos caminando, agarrados de la mano de nuestro Salvador y guiados por el Espíritu Santo, que es la única manera de marcar la diferencia en un mundo que niega a Dios.

Como dice mi amigo y hermano en Cristo, Daniel Lorenzo en su canción, ¡Caminando hacia el cielo!

Recuerdo una bella anécdota. Un padre manejaba su auto acompañado de su hijo pequeño. En el camino su hijo le pregunto, **¿Papi Jesucristo va aquí con nosotros y nos cuida?** y el padre le contesto si hijo, pero si pasamos de la velocidad establecida, entonces Él se baja del vehículo. Pasaron unos minutos y el padre comenzó a pasar el límite de velocidad y el hijo volvió a preguntar. ¿Dijiste que, si pasas el límite de velocidad, Jesús se baja del carro? Y el padre sin percatarse de su falta, contesto rápidamente sí. Entonces el hijo le dijo; papi, baja la velocidad porque vamos solos.

Es bueno saber que en la curva más cerrada del camino ahí está Dios. Si manejamos con Él abordo, nos será más fácil ganar la carrera contra el mal. Este padre le había enseñado a su hijo la importancia de viajar con Jesús siempre. En el momento, que su padre olvide se descuida y pierde el control de la velocidad, este hijo le recordó que, si sale de la velocidad establecida por el Señor, ya está viajando solo.

La desobediencia trae consecuencias. Mejor será caminar a la manera de Dios y no seguir dando riendas sueltas a la nuestra. Pablo siempre se preocupaba de que abandonaran sus creencias y prácticas pasadas a la manera del hombre natural, para darle paso a la manera del nuevo hombre en Cristo. Al igual que Pablo, nuestro corazón arde y no fuimos llamados para destruir; hemos sido llamados, para traer palabras de vida.

Debemos cuidar de la integridad de los nuestros, ayudar en todo lo que podamos a levantar sus vidas en vergüenzas, redimiéndolos para vivir una vida con valor. Todo esto será posible, si comenzamos a viajar a través de La Santa Palabra de Dios, para conocer la importancia que es recurrir por la ayuda del El Espíritu Santo, que es el único que convence al hombre de pecado y Él mismo se encargará de traerlos a la verdad.

Nota

Recibir la corrección cuando fallamos también es dejarnos levantar las limitaciones.

Cuando digo **y por amor debo hablar**, me refiero exactamente a esto; que lo que mí boca hable sea para vida, lo que mi lápiz escriba sea para vida y lo que en mí se refleje; también sea para vida y sin hipocresía.

Aunque fuimos creados perfectos, para vivir en el Edén; en el mismo Edén con la desobediencia de nuestros primeros padres, (Adán y Eva) comenzó a adoptar imperfecciones. Ahí mismo llego la gracia infinita de Dios a nuestra vida, dándonos la oportunidad de alcanzar la vida terna en vez de darnos muerte eterna. Pero no hay excusas para continuar actuando insensibles e inhumanos. Dios nos dio y nos sigue dando la oportunidad de ser mejores cada día a través de su Santa Palabra.

Estamos aquí en el mundo, pero trabajando para el reino. No hemos sido llamados para destruir la sociedad ni para exhibir un comportamiento inhumano.

Nota

Esta es la sociedad donde se mueven nuestros propios hijos. Mantengamos la Ecología en Buen Estado.

¿Qué quieres para tus hijos?

_____.

¿Qué ejemplo ven a diario?

_____.

No debemos mordernos entre nosotros mismos. La Biblia en todas sus enseñanzas nos deja ejemplos de todos los vituperios por los que pasaron los creyentes. Estamos expuestos a los atropellos del mundo; pero jamás debemos abrirle la puerta a esa legión de demonios.

Como familia de Dios que somos, luchamos en contra de los atropellos entre nosotros, hasta lograr el dominio propio a través de las enseñanzas de Jesús.

La mente y la calidad de nuestros pensamientos nos llevan a tomar actitudes diarias, que dependiendo si son buenos o malos pensamientos, asimismo será nuestro carácter y nuestro modo de vivir. Es nuestra responsabilidad enlazar nuestra mente a la de nuestro Señor y Salvador.
Debemos ser íntegros. Dejar de robarnos, empujarnos y hasta odiarnos. Cuidemos de no abrir las puertas a las malas costumbres, entre ellas la envidia y al egoísmo. Estas se mudan en tu mente y corazón; dando a luz antes de ser repatriadas a su lugar de origen, el cual todos conocemos, porque esas son características del diablo y sus secuaces. Estas malas costumbres salen y destruyen todo a su paso. Luchemos contra todos los obstáculos que nos impidan parecernos a Jesús.

¿Contra quién es tu lucha?

_____.

Cada vez que yo escudriño las sagradas escrituras, me doy cuenta de que ninguno de nosotros todavía hemos conocido realmente quién es Jesús y qué representa servirle. Debemos dedicar más tiempo a escuchar la trayectoria de Señor Jesucristo. Sólo decimos soy libre, pero vivimos esclavos de nuestros propios deseos. Ser libre implica seguir a Cristo y hacer su voluntad. Y su voluntad siempre fue y sigue siendo; amar, decir verdad y respetar.

Tenemos una guerra constante, contra huestes malignas de envidia, odio, racismo e intolerancia. Esta guerra es más fuerte que las guerras políticas y naturales. Esta guerra maligna no terminará fácil, pero si ayunamos, oramos y estudiamos Las Sagradas Escrituras, no tenemos excusas para decir que, estas entraron a nosotros y nos dominaron. Después que Cristo limpio nuestro ser, debemos continuar en busca de las riquezas en gloria y cubrirnos con sus armaduras, mostrando cada día ese nuevo ser que vive en nosotros.

Demos un vistazo a lo que dice la Biblia en **Efesios 6:12** Porque no tenemos lucha contra sangre y carne, sino contra principados, contra potestades, contra los gobernadores de las tinieblas de este siglo, contra huestes espirituales de maldad en las regiones Celestiales.

Pablo enfatizó muchas veces la unidad de los creyentes. Él no se detenía ante ninguna circunstancia, siempre dispuesto a levantar las limitaciones de los suyos. Durante dos años en la presión de Roma, siguió tratando de animar a los del cuerpo de Cristo a madurar. Pablo apunta más a que permanezcamos en la fe, para poder alcanzar la unión. Si leemos Efesios nos daremos cuenta de su interés y enfoque por mantener la unión entre nosotros y el madurar en la fe.

¿Que es mejor, crecer y madurar, o seguir siendo tratado como inmaduro?

_____.

MI CORAZON TAMBIEN ARDE, de agradecimiento al Señor Jesucristo, que nos da como creyentes (a todos) la oportunidad de prepararnos diariamente a través de Las Sagradas Escrituras y la participación de Su Santo Espíritu en nuestros corazones y en nuestras mentes. El Espíritu Santo nos da entendimiento y poder, para pelear contra las huestes de maldad y salir vencedores.

Con la ayuda del Espíritu Santo podremos identificar quién es el verdadero enemigo. Él nos hará ver que estos enemigos, no son nuestros compañeros de milicia. Se imaginan una fuerza militar preparada, destinada para la guerra; cuya misión es atacar al enemigo que los está asediando; ¿y en vez de seguir el objetivo se comienza una guerra entre ellos mismos?

¿Qué pasaría con esa misión que les fue encomendada?

_____.

¿Qué es asediar? Es un verbo transitivo; que significa rodear completamente al enemigo e impedir la entrada de este, para lograr su rendición. Debemos impedir, que este enemigo entre a nuestros corazones. Cristo en su forma humana ya lo venció. Usted y yo podemos.

¿Como lograremos evitar que el enemigo entre a nuestro territorio, si nos desenfocamos y nos Peleamos entre nosotros mismos?

_____.

¿Dónde está el amor que profesamos?

_____.

Recordemos: Dios es amor. Él quiere que vivamos en sabiduría y no en ignorancia, puesto que ese amor nos brinda cada día la oportunidad de ganarle las batallas a los defectos que nos afean. Todos sabemos que es una lucha continua para llenarnos de virtud; pero también debemos reconocer que llenarnos de virtud es la única manera de destilar tesoros de bondad al abrir nuestra boca. Para traer palabra de vida y no de muerte es necesario estar lleno de lo bueno, y bueno es Dios.

La Biblia dice en **Lucas 6:45** El hombre bueno, del buen tesoro de su corazón saca lo bueno; y el hombre malo, del mal tesoro de su corazón saca lo malo; porque de la abundancia del corazón habla la boca.

¿Por qué arde tu corazón y de que estás lleno?

_____.

Para que tengamos éxito, como cristianos debemos reconocer que todas las riquezas que podemos poseer, **es por tener una nueva vida en Cristo**, y de ese gran poder que podemos tener si nos vestimos de las armaduras de Dios.

Efesios 6 Nos da la clave para tener fuerzas y defendernos de nuestro verdadero enemigo en común. Por lo demás, hermanos míos, fortaleceos en el Señor, y en el poder de sus fuerzas. Vestíos de toda la armadura de Dios. Para que podáis estar firmes contra las asechanzas del Diablo (este es el enemigo en común). Por lo tanto, tomad toda la armadura de Dios, para que podáis resistir en el día malo, y habiendo acabado todo, estar firmes.

El Espíritu Santo nos sella como muestra de que pertenecemos a Dios. El cuerpo de Cristo es la iglesia, a través de la cual se cumple su plan eterno.

Dios nos ha dado a todos los creyentes todas las provisiones necesarias para triunfar sobre los ataques del enemigo. Está en nosotros tomarlas y hacer buen uso de ellas. En nuestra propia fuerza no podríamos triunfar. Entraríamos en terreno enemigo sin preparación sino aceptamos los recursos de Dios. Sin estas armaduras estaríamos desvalidos y en el primer intento de cualquier desafío del enemigo caeríamos.

Si nosotros como cristianos entendiéramos cuál es nuestro llamado y que es una prioridad imitar a nuestro Salvador Jesucristo, nuestro comportamiento humano sería más apropiado siendo **más reales aun viviendo en un mundo artificial.**

¿Que es mejor, entrar a una batalla con preparación y ganar la guerra, o entrar sin preparación y ser derrotado?

_____.

¡NO PUEDO CALLAR MI VOZ!

La mujer y el hombre, sus roles y comportamientos. Criando princesas y príncipes. (No sapos. No ranas) Sin ofender a los defensores de los animales.

En un mundo cada vez más globalizado, concurrido e interconectado, hacer uso del capital social y económico es fundamental para el éxito. Sin embargo, las mujeres aún debemos enfrentar situaciones incomodas como ser discriminadas. Las mujeres son sin dudar la fuente más poderosa de talento de la familia y me atrevo a decir en el mundo. Llevan en su vientre un bebe por meses. Si no pude llevarlo en el vientre, busca la posibilidad de tener el suyo de alguna manera y darle amor sin esperar nada a cambio. Es el mayor pilar de un hogar. Es la columna de su compañero. Este es sostenido por ella cuando está apuno de caer. Despedido con un beso y recibo con muchos. Esa fuerte, robusta y hermosa columna, aún con dolor por sostener tanto peso, siempre dispuesta a mantenerse de pie, para lograr estabilidad y dar seguridad de los suyos.

¡Somos la fuente de vida humana creada por el Gran Yo Soy! No nos comparamos con ninguna otra fuente creada. Somos única. Esa fuente maravillosa, grande y cristalina; que tiene la capacidad de inyectarse a mismas esa agua necesaria para saciar la sed de los suyos. En palabras sencillas y directa como dice mi mami; multiplicar 2 huevos, 5 panes, una cucharita de aceite y un galón de leche, para logrando alimentar a 8 hijos propios, más 5 ajenos. ¡Esa es mi Reyna!

Una descripción a la perfección. ¡Marcos Yaroide en su canción, POR UNA COMO ELLA ESTAMOS HOY AQUI!

Nota

Hacemos énfasis en que debemos reconocer; que campesinas, de pueblos chicos y de grandes ciudades. Blancas, asiáticas y piel oscura. Educadas, sin estudios, autoritarias y flexibles. Escandalosas y reservadas. Elegantes, sencillas o altaneras. Enamoradas, con modales o sin ellos, orgullosas, sin orgullo. De la nobleza y de la burguesía. Fuertes y extraordinaries, pero simples jamás.

Mujeres que se han convertido en Cinderelas Madres y Madres al Rescate. Columnas de hombres, que eran tratados como la máxima autoridad en sus hogares maternos, pero que jamás se le enseñó respeto y sensibilidad al tratar a una mujer. Hombres que eran sapos y se convirtieron en príncipes, gracias al amor, dedicación, paciencia y cuidado de una mujer; Esposa, virtuosa y guerrera.

Es evidente que las instrucciones de los padres en la familia ocupaban un papel muy importante en la sociedad de ayer y lo sigue ocupando hoy. Estos hombres, que no entienden el concepto de tratar como te gustaría ser tratado, son los protagonistas de las separaciones de los hogares y de la mayoría de aniquilación o exterminio deliberado de la vida de una mujer, por celos o por odio.

Nota

Oremos por nuestra Bella Isla, Republica Dominicana siempre. Esa legión demoníaca de aniquilación se ha levantado allí. Hagámosle frente a todo abuso en el lugar donde nos tocó vivir. No lo dejemos prosperar.

Muchos hombres han sometido su orgullo y sensibilizando sus corazones en Dios y han reconocido el trabajo arduo que han hecho estas guerreas en sus vidas y en la sociedad. Mas algunos se hacen ignorantes a los esfuerzos de ellas, para no reconocer su importancia. Mas otros, optan por el abuso y la desconsideración.

¿Será que esas mujeres tendrán la atención 911 que muchas gritan?

_____.

¿Será que la sociedad algún día otorgara un premio a las mujeres que se han empoderado de los principios que otras tiraron, para ayudar a los hijos que estas, no cuidaron?

_____.

Los principios tirados de mujeres que, en vez de educar príncipes de principios, criaron sapos ordinarios, con venenos, saltando de un lugar a otro. Engendros creando pánico y para colmo los tiraron en la sociedad. Como dice mi mami; **Los**

246

lanzaron para que los agarren quien pueda. Luego estos, que no fueron rescatados o cayeron en manos transgresoras; al contraer matrimonio, pensaron que se casaban con una **Madre al rescate,** que esta les haría todo, sin excepción. Comenzaron a comportarse como la máxima autoridad de la vida de ellas. (Dando fruto de lo aprendido en sus hogares) Muchos olvidando que su esposa no es su madre, se sentaban a esperar que les traigan todo lo que querían, que les quiten los zapatos y les amarren los cordones. Que les recoja todo lo que tiran y que también les limpie. **Esa mujer** es tu amor, esposa, compañera y cómplice, **no es Tú madre** y mucho menos tu empleada. Aclarando, las asistentes del hogar deben ser tratadas con justicia y respeto. Engendro esta mujer con la que te casaste **es, tu Mami Rica y Apretadita**, tu Bella y Dulce Compañera de Vida. La Biblia la llama ayuda idónea y bella Gacela. **No tu esclava**.

Debo aclarar:

1- Que muchas mujeres guerreras, madres hermosas han tenido que compartir su rol de madre. Recibiendo ayuda de las madres al rescate u otras, no porque votaron sus principios, sino, porque les ha tocado ser empleadas en cualquier área, ejercer sus carreras y traer alimentos a casa (ayuda idónea) lo cual, también es su derecho.

2- Otras que han fallecido jóvenes y sus hijos pequeñitos o adolescentes, quedaron en manos de segundas personas, algunos responsables y otros no tanto. Unos crueles e insensibles. Otros amorosos y de principios, no son culpables de comportamientos monstruoso.

No quiero pasar por alto, que allí están Las vecinas que yo les llamo **"Madres al rescate" Gracias a mi madre bella, que asistió a otras madres en los momentos más difíciles de estas**. Gracias Doña Juana, Doña María, Doña Fila, Doña Sila y Doña Mirian. (vigilando sin recibir nada a cambio, también se ayuda) por vigilar que nosotros los niños de esa calle, y sobre todo los de mi mami, estuviéramos fuera de peligros.

Continúo hablándoles de estas **Madres al rescate**, Dando lo mejor de sí, para ayudar a educar príncipes y princesas con principios y valores incalculables, cuidando hijos de otros y propios. ¡Dios bendiga y siga dando sabiduría y fuerzas a esas guerreras!

¿Has agradecido a tu Vecina Madre al rescate alguna ves?

_____.

¿Has orado por esos niños que han quedado huérfanos o abandonados?

_____.

Este es el momento, si no has orado por ellos.
Oración

Padre nuestro que estas en los cielos, te pido que los niños huérfanos lleguen a lugares y hogares que te amen de corazón, donde la prioridad sea ellos, y no el dinero que muchos reciben por cuidarlos. No permitas que el lazo del cazador tome ventajas sobre ellos. Pido, que aquellos que fueron maltratados, puedan ver la luz de un nuevo día. Aleja toda drogas de ellos, y te ruego, que eches fuera toda manipulación. Que las personas que estén a cargo sean sensibles y de principios. Que las autoridades encargadas de sus vigilancias hagan un buen trabajo. Señor permite que sus ojos sean abiertos, para identificar a los detractores. Te rogamos, Padre amado que restaures a los que fueron lastimados, te lo ruego en nombre de Jesús, amen.

¿Será que se levantarán hombres justos, honestos y arrepentidos, para premiar, redimir y realzar la gran labor de estas verdaderas Reinas de la sociedad, madres, esposas, asistentes del hogar, niñeras y más?

_____.

Todas estas mujeres de bien, La Biblia las describe como Mujeres Virtuosas. **Proverbios 31** Les deja una probadita de este pasaje bíblico en el **verso 14** Es como nave de mercader; trae su pan de lejos. **Verso 16** considera la heredad, y la compra, y planta viña del fruto de sus manos. **Verso 18** ve que <u>VAN BIEN SUS NEGOCIOS</u>; su lámpara no se apaga de noche. **Verso 28** se levantan sus hijos y la llaman bienaventurada; y su Marido también la **alaba.** Y **verso 29**- muchas mujeres hicieron el bien más tú (Mami) sobrepasas a todas.

Cada país regula de manera diferente este triste asunto de la discriminación hacia la mujer, pero no todo funciona como debería. Cada vez más la mujer es integrada o apartada de la sociedad. Esto pasa hasta en las iglesias que es "una familia" en Cristo. Esta debería de proteger y dar su lugar al ser humano más abnegado y sin egoísmo, cuando de los suyos se trata; y en vez de redimirla y cuidar de sus derechos, le niega la oportunidad.

Declaro y aclaro, que de la misma manera que describo a estas mujeres de valor, describo al **hombre íntegro, padre y esposo.** Hay grandes hombres levantadores de limitaciones en la sociedad y en la familia. Siendo justos, debemos dar honor a quien honor merece. Damos honor a los hombres que redimen a las mujeres y que no abandonan a sus hijos. Que muestran respeto a su hogar y son fieles en mantener sus promesas.

¿Que a menudo ves discriminación hacia una mujer dentro de la misma congregación, Iglesia o Concilio?

_____.

Estuve trabajando para un concilio y al tomar el examen requerido por ellos, para otorgarme la credencial de ministro ordenado; cuyo examen pasé satisfactoriamente, pero recibí la horrorosa noticia en mi cara. "Amada" pastora, la credencial suya jamás diría ministro(a) Ordenado(a); la suya diría exhortadora. Puff... y la de su esposo dirá ministro Ordenado.

¿Hubo discriminación aquí o es solo normas?

_____.

La importancia de la mujer resulta trascendente. Su valor moral tiene una dimensión que rebasa su propia voluntad cuando se trata de proteger a los suyos.

La educación, la puntualidad, el aseo, el beso de despedida, el abrazo, la alimentación y la oración, casi siempre es realizado por la mujer madre, esposa y maestra, aunque es un rol de los dos padres. Ella lo ejecuta sin reclamos y con amor.

La biblia habla de grandes levantadoras de limitaciones de los tiempos. Estos ejemplos de grandes heroínas, esposas, lideres, madres, y madres al rescate, hijas, juezas y más, que marcaron y siguen marcando la diferencia. Estas siempre serán recordadas y admiradas, a pesar de todo.

Mujer tú puedes.

Como dice en su canción, nuestro amado hermano y amigo, Pastor Rene González. ¡No te rindas!

Pablo dice en **Gálatas 6:17** de aquí en adelante nadie me cause molestia; porque yo traigo en mi cuerpo las marcas del Señor Jesucristo.

Comienza aquí y ahora. No será fácil; pero en Dios todo es posible.

Esta exhortación va directamente a nosotros los cristianos y a nuestro pueblo, para la formación de la familia cristina. A los lectores y a todos los corazones interesados en que nuestra sociedad sea más hermosa, robusta y sana. Cría hijos de éxitos. Y cuando hablo de éxito, no solo me refiero a conocimientos intelectuales, sino a hombres y mujeres de principios y valores.

Con estas declaraciones no quiero juzgar ni condenar a nadie. Tampoco pretendo obligar a ninguna persona a que se deje levantar sus limitaciones. **Cada quién sabe quién es y cómo se comporta.** Cada uno de nosotros tiene una completa definición de lo que somos, damos y recibimos. Cada vida con sentido completo puede tener su propio concepto de sí mismo, sin elevarse más allá de lo que es, o elevándose más allá de lo que es. Es su decisión.

Más Dios quiere que no tengamos más alta estima de lo que en realidad tenemos. Sin embargo, esto no quiere decir, que reconocer cuál es nuestro estado actual y de que material estamos hechos sea malo. No lo es. Si tienes que vanagloriarte de algo; que sea de lo que Cristo hizo y sigue haciendo en tu vida. Esa nueva vida y ese material pulido sólo se logró por su amor sin límite y sin discriminación. Esto para los que creen que son los únicos santos.

Aquí, lo más importante es que esta declaración, la hago por amor a nosotros mismos. Somos hijos de obediencia, claro si nuestro Padre es el Gran Yo Soy, Jehova Dios todo poderoso. Por lo tanto; debemos mostrarnos tal y como Él lo exige. No será fácil, pero en El todo es posible.

Es importante que los demás puedan ver a Cristo en nuestro comportamiento. Sabemos y entendemos, que no sabemos perfecto, pero vamos caminando de la mano de nuestro levantador de toda clase de limitación, Jesús. ¡Démosle honra y gloria!

La Biblia dice en **Efesios 4:13** Hasta que todos lleguemos a la unidad de la fe y del conocimiento del hijo de Dios, a un varón perfecto, a la medida de la estatura de la plenitud de Cristo.

Dios busca un corazón contrito, dispuesto a ser mejor cada día, que se rinda a Él. Un corazón enseñable, empeñado en mejorar, para que nuestro comportamiento humano se parezca al comportamiento de nuestro líder por excelencia, Señor y Salvador, Jesús y no a nuestro libre albedrío, o peor al otro.

El concepto que tengamos de Dios, debemos ser capaces de transmitirlo a nuestros hijos. Este jugará el papel más importante en la vida que ellos cultivarán. Serán hombres y mujeres de valores y fe genuina.

Una cosa es decir que somos personas de fe, de moral y principios inquebrantables y otra cosa es una realización de estas en nuestra vida. No me refiero al aspecto físico, me refiero a un alma llena de virtudes. Un alma respetuosa de su prójimo y un corazón sometido a Dios, que se refleja desde adentro hasta lo que hable nuestra boca.

¿Queremos que nuestros jóvenes destilen "miel" y que destilamos nosotros?

_____.

Queremos tener príncipes en casa y en la sociedad, pero nos comportamos como sapos o engendros. Queremos tener princesas, y si nos comportamos sin principios **¿qué podemos exigirles?**. Y estamos viendo el resultado de esa doble moral a diario. Una sociedad llena de dolor y confusión.

Preocuparnos por nuestros hijos es más que un querer, es un deber. Comencemos a levantar ciertas limitaciones, que impiden que nuestros hijos sean frondosos.

Hice una encuesta a varios hijos adolescentes. Pregunte de que se preocupaban más sus padres, al ellos pedir permiso para salir. He aquí las respuestas.

1- Un grupo concurrido me contesto---- vestimenta.
2- Un grupo contesto--- donde irían y que ropa llevaría puesta.
3- Un grupo menor contesto---a qué lugar iríamos y con quién.
4- El resto contesto todas las anteriores. Juzgue usted mismo y haga su propia conclusión.

¿Qué le preocuparía más a usted?

_____.

En vez de fijarnos que vestimenta deben o no usar nuestros hijos, cuya cosa es buena y de padres responsables saber de qué color y que ropa llevan hoy mis hijos, fijemos mucho más nuestra mirada, en qué ambiente se están moviendo y cuáles son las costumbres y culturas que están adoptando, si son de bien, o de mal y quienes los acompañan. ¿Árboles secos o frondosos? ¿Con vegetación o frutas venenosos?

257

Nota

Toda cultura que saca a Jehova Dios todo Poderoso y Padre Perfecto del centro del corazón de nuestros hijos, atenta contra las buenas costumbres de ellos.

Vigilar. Parte esencial para proteger a nuestros hijos de los detractores de la paz. (Del peligro)

Evaluar. Una vez usted detectó ese peligro, debe evitar los posibles problemas.

Ejecutar. Ajústese y llénese de valor y autoridad. (Elimine el riesgo), usted decide.

Una Leona. ¡Madre intercesora!

La Pastora, María Nina de Corporán, (Sisita) madre de mi amigo Geovanny Corporán. Dijo; mi hijo estaba saliendo mucho de casa, supuestamente predicando a un grupo de amigos. Pasó el tiempo y este comenzó a llegar tarde a la iglesia y muchas veces no llegó. Entonces usé mi autoridad de madre y me llené de valor, y lo confronté. Hijo déjame la junta que tienes con esos chicos, me parece que ellos son los que te están ganando a ti. Te ordeno que pares de ir a esos lugares, que corrompen tus buenas costumbres y te apartan de Dios. A mí, no me engañas pues conozco los hierros de mi camión. Estos hierros que muestras no son los que yo atornille, fueron cambiados. (te conozco muy bien hijo mío), y no te engañes a ti mismo. Esos jóvenes, te están ganado a ti para ellos; y esto se debe a tu mala decisión. Me mentiste, tú no estabas predicando, estabas compartiendo con ellos y haciendo lo que ellos hacen. A Dios no lo engañarás jamás. Y dijo, que desde ese día; me imagino que, con vara fuerte, aunque no lo expreso; liberó a su amado hijo, Geovanny Corporán. Este joven se reconcilió desde ese momento con Jehova Dios. Cambió de ese ambiente que le corrompía (árbol de frutos venenoso) y entrando al redil del bien (árbol de frutas frescas y frondoso) fue libre. Hoy gracias a la intervención de esa guerrea madre, este joven es Pastor y Evangelista y crio a sus hijos en terreno fructífero. ¡Gracias a esa madre intercesora!

No estoy diciendo, que, si nuestros hijos están fundamentados sobre la roca, serán fáciles de derrumbar. Estoy hablando de pasar tiempo con ellos y conocerlo. Saber que les gusta y decidir, que es lo que conviene.

No hay una guía para ser padres, pero tal vez hay muchas guías para ser buenos padres.

1- Camina como tú quieres que caminen tus hijos.
2- Llenales de Amor
3- Conviértelos en tu prioridad, prestando atención a sus necesidades.
4- Corrección a tiempo y fuera de tiempo, son partes de esas guías.

No hablo de maltratos físicos, ni verbales y mucho menos psicológicos; estoy hablando de educar a nuestros niños en el amor de Dios. Donde hay amor no hay espacio para la oscuridad. Enséñales principios y modales para cuando estos crezcan se comporten de una manera apropiada. Sin golpear mujeres y sin discriminarlas. Seres fieles y sin mentiras. Que puedan crecer con la confianza en ellos mismos y con la plena seguridad de que son personas de bien y no de mal. Que puedan identificar la falsedad disfrazada de verdad en un mundo irreal. Estas son las guías de la que te hablo. La Biblia dice en **Proverbios 22: 6** instruye al niño en su camino, y aun cuando fuere viejo no se apartará de él.

Junto a las demás guías también está el no olvidar que **el mejor ejemplo a seguir de nuestros hijos, siempre seremos nosotros.**

¡Dice un refrán común, de tal palo tal astilla!

¡Como la madre la hija! ¡Como el padre el hijo!

Puntos importantes:

1- Padres con valores

Amados padres, ¡¡¡¡¡esos signos de admiración (!!!!!) se pueden convertir en emojis de vergüenza, demos buenos ejemplos. Si damos los buenos ejemplos y cuidamos de nuestros hijos, compartiendo tiempo de calidad, ellos se parecerán a nosotros y no a cualquiera.

2- Iglesia de amor inquebrantable

Si la iglesia vive lo que predica, nuestros jóvenes aprenderán a vivir mejor en un mundo que ha olvidado a Dios, especialmente en las escuelas. Nuestros niños se parecerán más a Jesús, que al mundo que le han pintado en los salones de algunas escuelas.

Aunque era muy pequeña cuando la pastora Sisita dio testimonio de su hijo, y él ya estaba reconciliado; Tomé ese consejo como si hubiera sido directamente para mí. Desde aquel día, yo tenía precaución, hasta por cuanto tiempo me tardaría ganarme a uno de mis compañeritos para Dios. Del lugar debía frecuentar y con quién socializar. Aunque mi mami y los vecinos hermosos estaban siempre como guardianes de la bahía jajaja. Yo, casi siempre estaba en problemas, los días de semanas camino al colegio, o los fines de Semanas camino a la iglesia. Tratando de defender a mis hermanitos de cualquier agresor. En especial a mi hermano Johnny, si alguna una niña le pegaba. Esa estaría en más problemas que yo. Aunque apenas soy un año mayor que mi hermano, yo le protegía. Igualmente, que él a mí. Defendía a todos mis hermanos. El que se metía con mi hermanita Ross, ya se imaginan como le iba. El que no quería que yo le pegara que no les pegara a mis hermanos.

Ese testimonio me ayudó hasta en eso, a evitar a cualquier costo entrar al terreno de los niños conflictivos, usted dirá, eran solo niños; pues sí, éramos niños. Pero continuar con ese comportamiento de venganza me convertiría al crecer en una joven conflictiva, precisamente como los que nos atacaban. Tardé en darme cuenta, porqué Johnny no se defendía como él me defendía a mí de los niños que me pegaban, pero un día cuando íbamos de camino al colegio le pregunté a mi hermano: ¿Johnny, porque no te defiendes de las agresiones de las niñas?

El con lágrimas en sus ojos me contestó, mami me dijo que nunca golpee a las mujeres. Entonces allí comprendí todo. Mi hermosa madre, siempre hizo un excelente trabajo y todavía lo hace con sus nietos. Y de vez en cuando, si nosotros los hijos adultos, queremos comportarnos como sapos o ranas, que ella no crio...... **con su carácter inquebrantable, nos recuerda quién es la madre**, y de que está llena. ¡Y se arma el corre!

No tenemos más alto concepto del que merecemos. Pero una cosa hacemos y es ser agradecidos del amor y el cuidando de Dios y de todos los que intervinieron en ello. Damos la honra a esos grandes levantadores de nuestras limitaciones en casa. Mis padres criaron nueve hijos: seis niñas y tres varones. (mi hermanita

Jocelyn la más pequeñita partió a la presencia de Dios, al cumplir un año y medio) quedamos 8. Tenemos nuestro propio estilo y nuestra propia manera de expresarnos. Unos introvertidos y otros extrovertidos, diferentes en muchos aspectos, pero todos fuimos guiados por un estandarte, Jesús y una super madre levantadora de limitaciones y un super galán padre negociador y perdonador. Cuya combinación jugó un papel muy importante en nuestra vida.

Papi negociaba, pero recordándonos nuestros valores siempre. **Decía y aún dice: rompiste La Regla de Oro del hogar y ahora te cortaremos el agua y la luz; o sea serás privado de tus privilegios.** Mami siempre cuidó de que nos moviéramos en terreno de Dios. No fuimos perfectos, jamás lo seremos, pero su cuidado y su vara nos hizo mejores personas.

Mami nos enseñó amar y respetar a nuestros vecinos como padres, (padres y madres al rescate). **¿Como lo hizo?** Ya leyeron, **a punta de valor, corrección, sabiduría, decisión y vara**. Nos enseñó a mantenernos juntos y unidos como hermanos y que nos protegiéramos unos a otros. Que la obediencia a lo que ella decía, nos ayudaría a estar libres de problemas. **Efesios 6:1** hijos obedeced a vuestros padres, porque esto es justo.

El verdadero medio ambiente, siempre será dónde no se rompe la voluntad de Dios.

1-El hogar

2- La Iglesia

3- La Escuela

La Escuela enseña conocimientos y el hogar principios y modales.

¿Qué estamos enseñando en la iglesia?

_____.

Oración

Pido a Dios Padre todo poderoso, en nombre de Jesús: Que la nueva vida en Cristo se enseñe en todos los hogares, en todas las escuelas y en todas las iglesias del mundo. Y que no paremos de enseñarla en las prisiones, para los que están recluidos sean libres. Que los oídos se vuelvan sensibles al llamado de la voz de Dios. **¡Amen!**

El medio ambiente en el que crezcan nuestros hijos marcará el tipo de carácter que desarrollarán, tanto en el presente, como en el futuro. Nosotros somos los responsables como padres, ministros y lideres de pasarles principios y valores, para guiarlos a caminar en buen estado.

El pastor no es el padre de tu hijo, eres tú.

Nota

Padre, da ejemplo a tu hijo del buen hombre que hay en ti. Da ejemplo de la buena madre que hay en ti; Escuela, enseña del amor de Dios en el corazón de tus estudiantes. No estamos diciendo que manipules la mente de nuestros hijos; estamos hablando de no sacar a Dios de sus corazones. ¡Dios todo lo ve! Iglesia habla más de Jesús. Si hacemos esto, nuestros hijos no necesitaran ser disciplinados en la cárcel ni restaurados en centros.

No a la religiosidad

Una vida llena de hipocresías, una religión teórica y políticos deshonestos son los que han sumergido a la sociedad en estas creencias, que han reproducido maltratos y abusos. La familia completa en el mundo entero debe sumergirse en la fe en Dios. **Mi esposo dijo en un sermón: Como va la Iglesia así va el mundo.** Al principio cuando lo escuché decir eso, argumente mucho sobre ese tema. Pasaron días y seguí preguntándome... ¿sería correcto lo que dijo? Mi esposo con todos los versículos bíblicos en mano me demostró que es real y cierto.

Si nuestros hijos escuchan en la iglesia que las mujeres no tienen derechos, y que son menores en la sociedad. 1 ¿Qué destilarán en sus vidas conyugales? 2- ¿Como tratará un joven de estos a su prometida o esposa? Piense, 3- ¿cómo criará a una niña? 4- ¿ Sera está libre de elegir o presa en la voluntad de su padre? 5- ¿Cómo se sentirá la esposa, amada, oprimida o manipulada? 6- ¿Libre o esclava? Dios nos libre de opresores.

Por la culpa de una sociedad que discrimina a la mujer, que no respeta su trabajo secular y de "hombres" que no toman sabias desiciones, al no tomar cuenta el arduo trabajo que ejecuta una mujer en el hogar y peor, no lo comparten; evadiendo la responsabilidad de dos. Dejando toda la responsabilidad del hogar a su esposa, es que hay mujeres abusadas, y muchas en el cementerio.

Dios nos ha llamado a practicar la justicia y a vivir en libertad, no estoy diciendo a vivir en libertinaje. **¡Hablo de libertad!** Él nos ama por igual y jamás nos ha dado autoridad de menospreciarnos entre nosotros.

Que dice La Biblia en **Efesios 5:25 Ama a tu esposa como Cristo amo a la iglesia.** Aquí vemos que el amor de Cristo por la iglesia es ilimitado. Nada hará que este se detenga, o desaparezca. El amor nunca deja de ser, debemos amarnos entre nosotros, como nos amamos a nosotros mismos. Y como Cristo nos ama.

Ama a tu esposa de la misma manera que cuidas y amas tu vida. Efectos 5:28-33

Cuidar de las necesidades y el bienestar de tu amada esposa es un acto de amor. Cuidarla en el momento de su enfermedad y consolarla en el dolor. Regocijarse en su salud y celebrar su alegría todo el tiempo. Recuerda que ella hará exactamente lo mismo contigo, pues ella te ama.

Muchas son objeto de burla.

Escuche al Pastor, Ezequiel Molina en uno de sus sermones decir; hay maridos que cuando llegan a su casa les traen regalos costosos a las esposas, y esto es casi todos los días; para que, al llegar a una hora inapropiada, ellas no reclamen nada. Otros para tener su sucursal descaradamente tranquila. En otras palabras... una "casa" con una amante.

Gracias, amado Pastor Ezequiel Molina por sus mensajes de levantamiento de limitaciones de la familia. Por su colaboración en la enseñanza de Jesús a las vidas, incluyendo la nuestra. Por su gran Ejemplo de Resistencia y servicio a Dios durante décadas. Por su legado en la Republica Dominicana y en el mundo. Gracias porque al junto de su esposa, La Pastora Dominga Sánchez De Molina, crio príncipes y princesas y no sapos y ranas. ¡Aplausos!

Yo siempre digo que burlarse de su esposa o de su esposo, también es una manifestación de agresión.

Muchos pensarán y hasta dirán, esto sólo pasa en el mundo sin Dios. Así es. Estamos cien por ciento de acuerdo. Pero, cuando pasa entre cristianos es porque uno de los dos ha sacado de alguna manera a Dios del hogar y de su corazón, y entonces entro el mundo sin Dios; y ahora Cristo no es el centro. (Quiero aclarar, el que está en pecado, es el responsable, por lo tanto, es el que está en el mundo sin Dios). Es ahí donde se rebela el sapo, dejando su palacio de Rey y volviendo a sus andanzas, de aquí para allá; después de haber sido rescatado y mudado al Palacio.

Estos son los sapos sueltos de los que les hablamos. Algunos de estos se excusarán, agarrándose de que la carne es débil, "fue la carne" y otros son trasgresores profesionales, lean esto.... fue el hombre natural que me dominó, pero Dios perdona todo. Cínicos e ignorantes, tengo palabras para ustedes; ¿Recuerden lo que le paso a Sansón, por negarse a respetar las decisiones de Dios e ir tras una mujer, que no tenía a Dios en su corazón? ¿El pecado de adulterio que cometió David y el asesinato a un hombre inocente, para seguir en su iniquidad? Colocando en la primera fila de combate a Urías, para que le dieran muerte y el quedarse con su mujer. Despues de que Dios le había engrandecido, se salió del palacio de rey, para convertirse en un sapo ordinario. Si has pecado será mejor arrepentirte. Cada transgresión trae su castigo. Dios no puede ser burlado. Si tienes una mujer cuídala y respétala, para que recibas lo mismo.

¿Qué paso con esa promesa recíproca de amarse, honrarse, respetarse y cuidarse?

_____.

Esta es una acción intercambiada entre ambos, y Dios como testigo. ¿Dónde está Dios ahora?

_____.

Si, reconocemos que Dios es amor y perdonador, pero, estamos olvidando sus mandamientos. Esta hermosa guía que nos da, para que no pasemos por ignorantes, inocentes o transgresores. Dios nos proveyó (los mandamientos y muchas guías más a través de los evangelios. La Biblia dice en **Santiago 4:7 someteos, pues, a Dios; resistid al diablo, y este de vosotros huirá**.

¿Cómo pueden estas personas tener doble vida y seguir siento los jefes y líderes de comunidades que sirven a Dios?

_____.

Nota

Las debilidades deberían estar en las manos de Dios, porque solo Él puede ayudarnos a vencerlas, no en las del enemigo, que sólo nos da excusas para seguirlas.

Estas son palabras profundas y sabias; la Biblia dice al hombre esposo en **Proverbios 5;18-20** Sea bendito tu manantial, y alégrate con la mujer de tu juventud, amada y preciosa gacela. Sus caricias te satisfagan en todo tiempo, y en su amor recréate siempre. Por qué, hijo mío, **andarás ciego con la mujer ajena**, ¿y abrazarás el seno de la extranjera?

<u>Grandes hombres de buenos principios y un corazón sensible.</u>

Hijos, esposos y padres de excelencia. Muchos de ellos también fueron y son víctimas de abusos. Sus esposas (ranas) les han abandonado. Estos hombres, han quedado a cargo de un hogar y la crianza de sus hijos.

He conocido muchos hombres abusados. Entre estos hombres tengo amigos, pastores, vecinos y líderes de comunidades. De otro grupo sólo de oídas, a través de testimonios y casos de noticias. Todas las separaciones son tristes y muchas de estas traen graves consecuencias. Y no estamos hablando de incompatibilidad de caracteres, que es la excusa que usan muchas, para abandonar a su esposo y su hogar. Estamos hablando de infidelidades, abusos físicos, psicológicos, morales y verbales. Hablamos de abandono a los hijos, que es la más cruel decisión que alguien puede tomar. Las consecuencias no se harán esperar. **¡No lo hagas!**

Aunque nunca llegaremos a entender, como un padre o una madre puede abandonar un hijo y vivir sin remordimientos. No fue un vestido o una casa que dejaron atrás, es un hijo. No sentir dolor, desesperación y hasta llegar a entrar en insomnio por dejar la mitad de su corazón tirado es insensibilidad. Esto no se trata de juzgar, ni de condenar; se trata de tomar conciencia y evitar una vida miserable por una mala decisión.

Hemos visto muchos hombres que sufren de depresión, que han sido maltratados en la ecología del hogar por su esposa (rana). Somos testigos de muchos casos, buscando ayudas psicológicas, un mentor cristiano y consejería pastoral. Padres que fueron abandonados y ahora están deprimidos, asustados, llenos de soledad y con muchas preguntas en sus mentes y que quizás jamás recibirán respuestas de ellas.

El sufrimiento de los hombres abandonados puede llegar a ser grave. Esta angustia puede llevarlos hasta la muerte. **Si te encuentres dentro de este cuadro, pide ayuda. Eres un hombre que sabes tomar buenas decisiones; olvidando el machismo y dejándote levantar esa limitación de dolor, serás feliz. ¡Eres importante para los que te aman y sobre todo para Dios, no te detengas!**

En muchos casos les cuesta concentrase en el trabajo. Les da insomnio, adelgazan mucho o gana peso. Evitan contactos con otras personas y aun con sus propios hijos. Todos estos sufrimientos los hemos visto en muchos de ellos. Gracias a nuestro Dios, por los que toman la decisión de buscar ayuda apropiada. **Ministros no dejen de hablarles de las ayudas médicas. Es importante que seamos responsables.**

Muchas son las demandas hechas por mujeres y pocas por hombres. Pero tengo noticias para usted iglesia, y no son nuevas, solo que muchos optan por ignorarlas. Tenemos una gran cantidad de hombres en nuestra sociedad, incluyendo la iglesia, que han sido objeto de burla y víctima de infidelidad y abandono.

Estos hombres por vergüenza y por la culpa de padres machistas que lo "criaron" con la frase de que **los hombres no lloran y no sé quejan**, que son duros y aguantan; se niegan a confesar su maltrato y no denunciar a la agresora.

En muchos lugares han sido objeto de discriminación por estar a cargo de sus hijos. Por cocinar y hacerse responsables del aseo del hogar y más. Muchos haciéndoles sentir que ellos tienen algún problema de identidad. **Estos hombres tienen identidad y muy clara; son padres responsables.**

Guardan secretos que desploman lágrimas.

Han trabajado arduamente, para tener una esposa feliz y bella. Han respetado las decisiones de estas y las han ayudado a echar andar sus sueños. Muchos de estos grandes hombres, han logrado que su esposa o compañera alcance el éxito anhelado. Cosas como estas las vemos a diario, Mujeres que cuando ganan un concurso, o cuando saltan a la fama, ya se siente superiores a sus esposos o novios. Están descalificados por alguna razón; razón que solo ellas tienen. Comienza la guerra de "incompatibilidad" de caracteres que jamás existió anterior a la fama; Ahora es la polémica diaria, hasta sacarlo de su vida o que el colapse de desesperación.

Comienzan a empoderarse de la estética, y tomando una actitud de superioridad cambian de traje, puff ..quiero decir cambio de esposo. Algo que jamás nadie les había quitado o impedido. Un empoderamiento fuera de lugar. No estoy diciendo que, si nos sentimos infelices con una parte de nuestro cuerpo, no busquemos la solución, estoy hablando de una obsesión, por verse como la modelo tal. Si queremos cambiar algo de nuestro cuerpo, es válido. Es una decisión personal, solo que no lo usemos para menospreciar a la persona que nos ama.

Nota

La Felicidad es nuestra responsabilidad, no de otros.

Estoy diciendo; que los principios, la lealtad, y el amor no deben negociarse ni deben de desaparecer al momento de nuestro éxito. Es ahí cuando debemos ser reales en un mundo lleno de personas artificiales.

¿Por qué te cuesta tanto trabajo mostrar lealtad a tu Papi Rico y Gran Compañero, (Tu esposo)?

_____.

Estoy hablando de aquel hombre que juró y prometió amor, protección y fidelidad. Que te cumplió y te sigue cumpliendo. Ese gran hombre espera lo mismo de ti. Que tengas integridad en el momento más glorioso de tu vida.

¿Cuál fue la razón que tuviste para desplazarlo y abandonarlo, sino te ha fallado?

_____.

¿Te sientes superior a tu pareja, o siempre fuiste desleal?

_____.

No sé si tus padres te enseñaron que la biblia dice; que el verdadero amor hecha fuera todo temor y duda. No sé si alguna vez fuiste guiada por personas de integridad y si pusiste en práctica sus consejos, pero buscar excusas ahora no es honestidad. No busques bloqueadores para cambiarte de marido. Si lo quieres hacer hazlo bien y no destruyas. No buscamos perfección, buscamos ser íntegros y practicar la justicia. La perfección vendrá cuando Cristo nos levante y seremos transformados, pero no quiere decir que no seas justa.

Nota

Cuidado hay decisiones que traen consecuencias brutales.

Con estas declaraciones, no pretendo ofender a nadie, sólo trato de que nuestros jóvenes puedan identificar a una mujer o a un hombre con principios y valores inquebrantables. Que cumplan sus promesas de amarlos y cuidarles a pesar de cualquier desafío. No pretendo tapar el sol con un dedo. Estoy hablando de amor, respeto, fidelidad y lealtad. Sobre todo, sinceridad. Como dice el **cantautor Rabito: Sinceridad, palabra pequeña que tiene gran peso en la eternidad.**

La Biblia dice en **Efesios 4: 22** En cuanto a la pasada manera de vivir, despojaos del viejo hombre, que está viciado conforme a los deseos engañosos. **Verso 24** Y vestíos del nuevo hombre, creado según Dios en la justicia y santidad de la verdad.

Testimonio con el permiso otorgado por mi amigo.

Un amigo, (amigo y hermano de mi infancia); cuyo nombre protegeré, me dio su permiso para hablar de su testimonio. Este testimonio lo damos no para juzgar, sino para concientizar los corazones insensibles. No hay excusas para maltratos de ninguna índole. Mientras él cuidaba y guiaba un pueblo para que este pudiera conocer de Dios y vivir la nueva vida en Cristo, su esposa "conocía" a un vecino por varios años.

¿Usted entiende el concepto de CONOCER según la Biblia?

_____ •

Conoció; Yadah, en hebreo significa relación de intimidad, que puede llegar a ser de relaciones sexuales. Cuando mi amigo se dio cuenta, ella comenzó a culparlo, usando bloqueadores a su favor. Ella le pegaba delante de los niños y de algunos vecinos. Este por vergüenza y por ser criado como les dije anteriormente, la máxima autoridad de su hogar, (los hombres no lloran ni se quejan) optó por callar. Aunque muchos a su alrededor tenían el pleno conocimiento de los que estaba pasando, él pensaba que no. ¿Cómo puede una mujer burlase de los sentimientos de aquel que le da amor, un hogar, y muchas veces hasta estudios? Un hombre que nunca la hizo sentir de menor posición en la familia, ni en la iglesia. Yo recuerdo; que, para él, ella era su todo después de Dios.

Nota

Aunque un hombre no te halla provisto nada material, no es razón para ser infame y deshonesta. Sé sincera.

Este hombre dedicado a su esposa, y de llevar el mensaje de buenas nuevas, mientras ella se "conocía" yadah.... con el vecino, burlándose de el por largos años.

¡Cuidado que Dios no puede ser burlado! Recuerdan que hasta a los injustos, los mira de lejos. Cuando este hombre dejo de envolverse en tantas cosas, porque a veces hacemos tanto de lo cual, Dios no nos ha envió hacer, sino que por decisión propia lo hacemos, es ahí donde perdemos el norte. Este se centró en escuchar la voz de Dios y sus ojos fueron abiertos y su fortaleza llegó a tiempo. ¡Dios no te dejo sólo amigo mío! Dios levantó su dolor, y este hombre de Dios tomó la mejor decisión con respeto a esta mujer desubicada, y tomo la mejor decisión para su vida.

No estoy diciendo divórciense. Nosotros cuando vamos al altar, lo hacemos sin que nadie nos obligue; tomamos compromiso y hacemos promesas; la cual Dios como testigo será quien juzgue. Él es el único con derecho a juzgar. La disolución terrenal del matrimonio es una decisión si ya no hay solución y si está irremediablemente roto, para evitar destrucción masiva.

Amo que mi amigo jamás crio con rencores a sus hijos. Siempre contesto sus preguntas, pero sin declarar la falta de integridad de esta mujer. Siempre les dijo; nos separamos para ser felices cada uno por su lado. Querido amigo, tú esfuerzo, tu lucha y resistencia jamás serán olvidados. Dios te premiará y la sociedad festeja desde ya, porque no enviaste sapos y ranas a su destino, criaste hijos sin rencores.

La biblia dice en **Santiago 3:13,** ¿quién es sabio entre vosotros? Muestre por la buena conducta sus obras en sabia mansedumbre.

Estas mujeres son las ranas de las que les hablo. Mujeres que se excusan de haber crecido en un barrio marginal. Pero ellas marginaron el barrio. El Barrio reino sobre ellas y ellas no reinaron sobre el Barrio. (Me refiero a valores y principios, cuando hablo de reinar). Mujeres que quizás (**sin excusarlas**) crecieron sin afecto del padre, porque este quizás murió joven. Otras porque el padre anduvo de "Buso" (buscando otras mujeres) y convertido en sapo fuera de su Castillo, descuido a sus hijas.

Hombres sin responsabilidad de criar a su hija princesa, optando por dejarla solo a merced de cualquier detractor. Estas buscan "cariño" por doquier, sin adaptarse a un hogar y sin tener el pleno conocimiento de identificar realmente, que es lo que les están dando; si son momentos efímeros o estabilidad, y caen en poder de los sapos.

¿Amor, placer, dinero o esclavitud? ¿Qué es lo que realmente quieres?

_____.

Estas mujeres se van de sus hogares con cualquiera que:

1- les hable bonito
2- cuando les dicen siéntate, ya tienen las piernas abiertas.

3- Toman desiciones apresuradas como; abandonar y hasta "olvidar" a sus hijos, siguiendo el mismo ejemplo de su sapo padre o su rana madre.

¿Qué culpa tienen los hijos de las "incompatibilidades" o malas decisiones de los padres? Y me voy más allá, ¿O de los desórdenes de estos? No hay excusas para abandonar un hijo.

Nota

Usar los zapatos de otros siempre será incomodo. No juzguemos sino Sabemos.

¿Quién fue que faltó a la promesa?

_____.

La Biblia dice en **Proverbios 17:15** El que justifica al impío, y el que condena al justo, ambos son abominación a Jehova.

¿Qué cosas no puedes callar? Exprésalas ya. ¡Levantaras vidas y serás recompensado-a, sintiendo un gozo de felicidad por no quedarte resegada-o!

CONFRONTA Y RESISTE
No pierdas tu identidad.

La falta de identidad en una persona hace que esta no sepa quién es, y fácilmente se deje etiquetar. No ve lo realizado, no encuentra lo anhelado, no entiende que es lo que realmente necesita. Crea dudas de su inteligencia, hace que se vea como víctima y muchas veces se hace victimario. No reconoce su género y se vuelve infeliz.

Una mente abierta para mí es saber quién soy, e identificar que está pasando a mi alrededor. Amar a mi prójimo y respetarlo como es, aunque yo no comparta su manera de vivir. Moverme por lo justo y no por la emoción. Todo porque yo, me muevo según mi identidad y esta es Cristo.

Oración

Oremos al nuestro Padre Celestial y pedimos que nuestra identidad no sea quebrantada. Que los jóvenes sepan quienes son. Que ellos son hombres y mujeres de bien. Pedimos, confrontar con la palabra de Dios, la hipocresía y que siempre reine el amor de Jesús en nuestros corazones. Que se agreguen más las almas salvadas y dejemos de juzgar a los demás, sin haber visto y oído. En nombre de Jesús, amén.

Yo sé que muchos hemos sido tratados con irrespeto y muchas veces nos han hecho sentir incapaces o inferiores, quitándonos nuestros derechos en la sociedad, nos han privado de recibir lo justo; pero tengo palabras para ti, si todavía te sientes desplazado, la Biblia dice: **Filipenses 4:13** Todo lo puedo en Cristo, que me fortalece y **Romanos 12: 19** dice; Amados, nunca os venguéis vosotros mismos, sino dad lugar a la ira de Dios, **porque escrito esta: mía es la venganza, yo pagare, dice el Señor.**

La verdadera idea del empoderamiento surge para restablecer desigualdades. muchas han sacado de contexto el gran empoderamiento y lo han usado para separar y destrozar familias.

Cada vez que escucho de hombres y mujeres de Dios hablar en la iglesia de **"empoderamiento"** como si Dios les hubiera robado algo o desplazado de algo. Me hago varias preguntas:

1-Será que no saben lo fuerte que son al servicio en Dios?

2-Ignoraran, lo valioso que son para familia

3-¿No entenderán, lo útil que pudiéran ser para la sociedad?

4-¿Será que muchos habrán perdido autoridad en el terreno espiritual contra el natural?

La sociedad ignorante es la que hurtó y desplazó, no fue Dios. Aunque yo sé, que seguimos en la lucha y que esta, sólo terminará cuando Cristo venga por su pueblo. Si, ¡Ven Señor Jesús!. Muchos están olvidando que El Poderoso de los poderosos les ha otorgado el privilegio de alcanzar metas inalcanzables en los ojos de muchos. Les ha permitido ver más allá de lo otros pueden ver. Dios transforma de simples seres humanos a extraordinarios guerreros. ¿Recuerdan la historia de Gedeón?

Dios nos hizo poco menor que los ángeles. Nos dio autoridad de hollar serpientes y escorpiones. Todo gracias al poder del Espíritu Santo, nuestro levantador de limitaciones de este tiempo, el cual no se limita para ayudarnos a resistir las pruebas y ganarle a los desafíos u obstáculos que se presenten en el camino.

La biblia dice en **2 Corintios 1:21-23 Es Dios quién nos capacita, y nos confirma con Cristo. Él nos comisionó, el cual también nos ha sellado, y nos ha dado las arras del Espíritu en nuestros corazones.** Si alguien ha tomado algo de ti sea tu comunidad, la sociedad o la iglesia, haciéndote sentir que eres inferior o incapaz de desempeñar cualquier posición o recibir el pago justo de tu carrera; pues tengo palabras para ti, estos estarán en problemas y no contigo, su problema es con Dios. Tú, no olvides el lugar que Dios te dio, ni los talentos, ni los conocimientos que deposito en ti, no te sientas intimidado. Dios devolverá todo lo que te han robado. Tú, se fiel a Dios y no hagas negociaciones con el enemigo. Todo lo que atenta contra tu integridad es el enemigo.

Nota

Siempre pienso que los que discriminan son ignorantes y no me siento víctima de estos. Mas bien creo que estos son víctimas de su propio veneno. Yo solo creo lo que Dios dice de mí y eso se será lo que yo declarare para siempre.

En ocasiones todos pasamos por sufrimientos terribles. A veces estos son de gran magnitud y parece que todas las puertas se cierran, pero recuerda, que nuestro Señor es quien pelea por nosotros. Es de sabio no darse por vencido. Frente a esos sufrimientos, muchas personas flaquean y caen en tentaciones, tomando desiciones de riesgo. Hay otros que quieren conseguir por la fuerza todo lo anhelado para vivir, sin tomar en cuenta que sus poténciales son importantes. La buena decisión jugará un papel protagónico de éxito en su desarrollo.

Como hijos de Dios, nuestra respuesta al sufrimiento es que Jesús nos ha dado la vida y también nos dio la fuerza para vivirla a través del Espíritu Santo. Somos y seremos vencedores sobre todas estas opresiones y ataques. Resiste, dios es tu fortaleza.

Tomar buenas y sabias desiciones es nuestra responsabilidad. ¡Todo lo puedo en Cristo que me fortalece! **Filipenses 4:13**

Las personas mayormente recorren caminos en busca de conseguir lo que quieren. Otros en busca de lo que le han negado y otros van por alternativas personales; pero no deben olvidar que el único camino correcto es el que no te cuestionará mañana.

Cuando olvidan o no reconocen quieres son, comienzan a hacer cambios, quizás para el momento sean buenos, pero más tarde pueden ser cambios que llevan a la muerte, sea física, espiritual o mental. Hay tantas personas trastornadas dirigiendo grupos y comunidades, todo porque no se cuidan de tomar buenas desiciones y las consecuencias de estas afectan también la salud mental. Es nuestra responsabilidad cuidar nuestra salud mental.

Nuestra vida en este mundo se conforma en las vivencias, la familia, el trabajo, la salud y las pertenencias. Todas estas cosas para nosotros son importantes. Muchos para lograr mejorar esto y por la culpa de una sociedad egoísta buscan alternativas y toman desiciones de riesgo, pues esta sociedad (el mundo sin Dios)presiona a través de cualquier medio para que se acomoden a ella. Por culpa de esta presión (sin excusas) van muchos a los quirófanos y algunos inesperadamente terminan en el cementerio. **Que triste**

Tratando de encajar en los puestos de trabajo, muchos hacen intercambios íntimos, otros acuden a las cirugías estéticas en manos de irresponsables, otros hasta se atreven a robar curriculum. Son preocupantes todos estos casos. El de la estética, cuando se trata de la cirugía de los glúteos, es la que más muertes causa en Estados Unidos y en otros países. Todos los procedimientos estéticos tienen su riesgo. Pero mientras mejor informado estes, será más fácil tomar una decisión adecuada, la cual ayudará a caer en manos de personas íntegras y no de insensibles.

Aquellas personas que optan por hacer intercambios íntimos, Dios quiere que sepas que tú tienes valor y eres importante. No necesitas de estos intercambios, tus conocimientos y tu confianza en ti mismo te moverán a mejor lugar sin tener que esconder tu mirada.

Muchos son asediados en sus oficinas por mujeres u hombres inescrupulosos que van en busca de un servicio, el cual deben pagar con dinero, pero tienen la osadía de querer pagarlo con un intercambio sexual. Muchas de estas o estos, se llevan un fiasco. No todos somos promiscuaos.

Dios les dice a estos valientes que se arriesgan todos los días, recibiendo estos tipos de personas que no tienen temor a Dios; ¡Resiste, no caigas, déjale la manta y corre! José triunfó ante el ataque de la mujer de Potifar y tú puedes triunfar ante el ataque de esta generación de víboras. El mundo está lleno de perversidad, más Dios nos ayuda a libranos de ellas. ¡Si, podemos!

Muchas mujeres se arriesgan a cambio de causar admiración por su figura, en vez de realzar la admiración por sus modales, elegancia, principios y conocimientos. Demos un vistazo a lo que dice biblia en **Proverbios 11:22** Como zarcillo de oro en el hocico de un cerdo es la mujer bella y apartada de razón.

No obstante, a que esta obsesión estética, puede marcar el último día de sus vidas, o recibir terapia por trastornos emocionales, debido a cualquier falla en este cambio, van por lo que anhelan. **Es importante caer en manos de un cirujano responsable y que ama lo que hac**e, y no en manos de un ambicioso desenfrenado y sin sentimientos, que solo ama el dinero.

Al aprobar varias cirugías de riesgo en un día, indica que caíste en manos de un irresponsable y ambicioso. Estos lo único que quieren es dinero y van por más\$. Nunca les dan la información correcta y estas personas en busca de verse como ciertas mujeres y hombres de la televisión y la farándula, para alcanzar sus objetivos materiales, pierden la vida.

Nota

No es que estoy en contra de la estética. Jamás, esta es una maravilla. Me refiero a no perder la razón y los principios.

¿Dónde están los principios?

_____.

¿Qué pasó con el conocimiento y la experiencia de estos?

_____.

A menudo vemos como desplazan en los canales de televisión y las demás plataformas, a mujeres y hombres que ya no se ven empoderado de pechos, abdomen y glúteos entre otras cosas. Al día siguiente, ya tienen los suplentes "super empoderado." Pero con las neuronas tostadas.

Esto no es nuevo, no es cosa de ahora. Este comportamiento tiene tiempo de existencia. Sólo han cambiado los precios de las cirugías. Ahora la tecnología la hace más rápido, sea para bien o para mal.

Hablando del comportamiento ejecutado por personas sin principios, los cuales se "empoderan" del trueque: Dame lo que valgo y obtendrás lo que quieres; tampoco es de ahora. En la antigüedad existían estos tipos de trueques, que buscaban alternativas para alcanzar sus objetivos, ya sea por razón o capricho.

Hablemos de hoy, porque ayer ya pasó

En el mundo entero hay un empoderamiento estético. Como ya sabemos el significado de empoderar; Retomar derechos robados, lo han hecho suyos tal empoderamiento y lo están usando para destacarse y sacar beneficios de algo anhelado. Para sentirse que tiene "dominio" sobre los hombres, o viceversa.

No quiero hablar, pero mi corazón arde y debo hacerlo. Los que han caído en ese círculo del dame lo que quiero y te doy lo que tu necesitas, o simplemente hazme sentir importante con tu presencia y yo cubro tus gastos. Estos son llamados los famosos Shugar Daddy, también le llaman sugaring, y Shugar Manny. Comprando "compañía" y "amor." Este estilo de vida para los casados les puede costar su matrimonio, su familia completa, o tristemente los podría llevar hasta la muerte. Hemos visto mucho en las noticias, mujeres matar a hombres adinerados, para quedarse con su fortuna y casi siempre en complicidad de sus amantes, o de algún familiar ambicioso.

Qué decir de esos tipos de personas, a veces mentes vacías, corazones insensibles, falta de una buena crianza o principios. Porque después de adulto pueden cultivar los principios, es una decisión personal de vivir sin valores o con ellos. Me gustaría escuchar más que alguien se empodero de sus principios perdidos a que se "empodero" de todo lo anterior. Muchas veces estas conductas, son producto de inseguridad, falta de amor de los padres. Sin excusar el seguimiento de este mal comportamiento.

Yo siempre me creí hermosa y aún lo creo. Sin arrogancia digo esto; Puesto que mi Padre, siempre llamo a sus hijas, mis princesas hermosas, aún lo hace. Yo tenía pecas y aun las tengo, era muy delgada, y algunas personas insensibles me hacían bullying. Perdieron su tiempo conmigo. Yo le creí a mi papi eso de que soy hermosa, ¡Soy bella y aun lo sé! Todo por esas palabras de seguridad y de amor que mi Papi me transmitió.

Mi amado esposo aún después de 25 años de casados me dice; ¡mi bonita! Y yo le llamo baby. El esposo que no alaga a su esposa, o la esposa que no alaga a su esposo, deben examinar su manera de expresar amor. Esto no quiere decir, que necesitamos que nos digan que somos bellas para ser feliz, (**Ser feliz es nuestra responsabilidad**). Es sólo que debemos expresar amor, también de esa manera.

Hacer saber a nuestros hijos, todos los días que ellos son hermosos y que tienen gran valor. Para que cuando un extraño le diga a tu hija, ¡que hermosa eres! esta no crea que por esas "palabras" que nunca había escuchado, está conociendo al mejor hombre; sino, que ella recuerde que ya había escuchado de antemano en su hogar esos hermosos elogios, y reconozca que lo es, sin caer en tentación.

Mejor es que estén precavidas. No quiere decir que no serán asediadas, pero si con esto podemos evitar que caigan en manos de detractores y de cirujanos irresponsables, si llegaran a tomar una decisión así, que sea después de adultos, bajo su propia responsabilidad y no porque sientan que son feas.

Nota

Con estas declaraciones, no quiero que interpreten que no es bueno cuidarse. Sólo pido a Dios que no sea para el tal "empoderamiento"

Mujeres y hombres debemos cuidar de nuestra integridad y proteger nuestra familia. Esa es una manera de no agregar más problemas y de levantar nuestras limitaciones.

Nuestra vida es importante, es la oportunidad que Dios nos da para practicar lo bueno y poder llegar a la eternidad. Debemos aprender de los buenos y malos ejemplos y elegir lo correcto. Nos quejamos de no tener tiempo para ejercitarnos, pero pasamos horas haciendo otras cosas. Algunos no consultan un buen nutricionista o endocrinólogo para que les ayude con sus problemas alimenticios y con los problemas hormonales y luego queremos ir donde los mata sanos más cercanos, para que resuelvan nuestros problemas.

Comamos lo más sano posible y ejercitemos nuestro cuerpo. Alimentemos nuestra mente cada día con la palabra de Dios, rechacemos lo negativo y tóxico. No demos ocasión a nuestros ojos de ser controlados por las cosas pasajeras. Saquemos tiempo de calidad para nosotros. Tanto anhelamos ayudar a otros y nos olvidamos de nosotros mismos. **¡comprometámonos con**

nosotros mismos de cuidarnos más. ¡Nadie lo decidirá por nosotros!

Somos importantes y nuestros hijos y de más familiares nos aman y quieren vernos sanos. No perdamos el control tomando decisiones a la ligera. Estas palabras son para nosotros, Dios quiere que seamos responsables y que nos mostremos maduros. Dando frutos al cien por ciento del buen conocimiento de la palabra de vida. Mostrando agradecimiento a Dios por lo que somos y tenemos. Viviendo con una fe inquebrantable, en espera de bendiciones para los nuestros, sin dejar de esforzarnos. Reconociendo que somos valiosos y Dios nos liberto a través de Jesús, pero es siempre nuestro deber mantener esa libertad.

Somos hijos de Dios y no debemos ser parte del mundo sin Dios, ignorando el verdadero amor. Ya fuimos libertados por Cristo y no debemos comprar cadenas ni candados. Debemos ser parte de los levantadores, pero me parece escuchar al profeta Jeremías ahora mismo, cuando dijo estas palabras en **Lamentaciones 4:1-2** Como se ha ennegrecido el oro! ¡Como el buen oro ha perdido su brillo! Las piedras del

Santuario están esparcidas por las encrucijadas de todas las calles. Los hijos de Sion, ¡preciados y estimados más que oro puro, ¡cómo son tenidos por vasijas de barro, obra de manos de alfarero!

Mejor es arrepentirnos de nuestros malos caminos, que esperar la ira de Dios sobre nosotros, su propio "pueblo". Dios es extremadamente exigente de nuestra integridad y nuestro buen comportamiento humano, y más cuando decimos que somos suyo. Someteos, pues, a Dios: resistid al diablo, y huira de vosotros.

Oración

Padre nuestro que estas en los Cielos, te pido que tengas misericordia de todos nosotros, nos libres del mal y nos traigas a camino de luz. Que entremos en entendimiento de que somos valiosos y que Tu nos amas y somos tuyos. En nombre de Jesús, amen.

Nota

Juzgue, solo por lo que ve y escucha de la boca del implicado. Por lo tanto, de lo que no sabe, si juzgas entraras en pecado.

La Biblia dice en 1 de Corintios 10: 12 Así que, el que piensa estar firme, mira que no caiga.

El propósito de Dios es hacer que un pueblo que ha reconocido sus faltas, que ha salido de su confusión y ha optado por enriquecer su comportamiento, pueda enriquecer a otros. Si fallamos en compartir los dones y todo lo que Él nos enseña, solapando las bajezas del tentador, entonces este mundo seguirá atrapado en la promiscuidad y vivirá en desaciertos.

Debemos enseñar el amor de Dios en nuestra vida, si es que realmente lo tenemos, de lo contrario, como dice nuestro amigo pastor Felsy Jones en su canción, **¿cómo hablar de amor?**

¿Tienes miedo de no poder resistir?

_____.

La Biblia dice en **1 de Juan 4: 18** En el amor no hay temor, sino que el perfecto amor (Dios) echa fuera el temor: porque el temor lleva en si castigo. De donde el que teme, no ha sido perfeccionado en el amor.

Confronta los desafíos de la vida, con la perfecta palabra de Dios. Él te ama y defenderá tu integridad en todo momento. Él es tu fortaleza. No olvides que eres importante para El, para tu familia terrenal y espiritual. El enemigo de las almas buscará cualquier pretexto, para hacer que te sientas inferior y empujarte a tomar malas decisiones y ese odioso enemigo será el primer acusador en el momento de tu caída.
¡Resiste un poco más! Jesús ya está a la puerta!
Has tú compromiso con Dios y el cumplirá todas sus promesas en ti. Dios no es hombre para mentir.

DETRACTORES E INFAMES DENTRO Y FUERA DE LA IGLESIA

Dios conoce el presente, el pasado y el futuro, todos a la misma vez. Es muy difícil para nosotros como seres humanos naturales, darnos cuenta de las cosas que pueden pasar y que no son simples de ver, más Dios transmite a la iglesia la sabiduría de ver más allá de donde otros no pueden ver. Esta palabra de sabiduría no tiene nada que ver con el conocimiento natural e intelectual de una persona. Una persona con poca educación académica puede operar con esta sabiduría. Todo se debe a través de la búsqueda y la llenura del Espíritu Santo. Este es don de Dios y puede transformar el corazón de los que viven sumergidos en mundo sin Dios, en el cual estamos caminando hoy todos, aunque no seamos parte de él.
El no ser parte de un mundo descarriado, no implica quedarnos de brazos cruzados. Somos hijos de luz y es nuestro deber proyectarla y mantenerla encendida.

Abrir nuestra boca para hablar de las cosas que afectan nuestra sociedad, es parte de ser hijos de luz.
Debemos tener el pleno conocimiento, de que hay de tractores e infames dentro y fuera de la iglesia. Jesús los expuso.

El enemigo tiene una falsificación de todo lo que Dios ha hecho y quiere confundirte. Satanás es un imitador y no debemos entrar en su juego. Es nuestro deber obrar con sabiduría. Si la iglesia se moviera con los dones, no habría detractores que no fueran expuestos dentro de ella. Llénate del Espíritu Santo. ¡Expongámoslo, ya!

Hablemos de algunos

Muchas o pocas personas, tomarán de tus recursos; quizás tus ideas, tus proyectos, conocimientos y hasta tu dinero, para su uso personal. Estos nunca se saciarán hasta dejarte vacío. El deseo de tomar lo que es tuyo, los vuelve más entenebrecidos. Esta oscuridad del mal hará que estos busquen el momento oportuno para ellos e inoportuno para ti; para tomarte como anzuelo para colocar tu último recurso de trampa, para alcanzar sus objetivos en su pesca. Debes mostrar tu carácter y tu identidad rápidamente. **Tus recursos son para alcanzar el objetivo que Dios te designó, no el que otro te designe**.

Con esto no quiere decir que no demos uso de nuestros talentos. Úsalos, no lo entierres, no los desperdicies; No tires al vacío lo que Dios te da. **El vacío es precisamente aquel lugar al cual Dios no te ha enviado.** Si logras identificar a esos detractores a tiempo, antes de su estocada final, podrás librarte y librar a muchos de ser víctima de ellos.

Nota

Será un refrigerio exponer su identidad. ¡Que alegría sería librar a otros, de esas heridas que causan tanto dolor!

Será mejor no sacar a Dios de nuestras desiciones, porque los planes de Él son de bien y no de mal, para los que amamos al señor. Así lo declara **Jeremías 29:11**

Estar llenos del Espíritu Santo es y será siempre la única manera de estar equipados de resistencia, sabiduría y poder. Este grupo de detractores de la lealtad e inquietadores de la paz, al ver que tú tienes **discernimiento**, cuyo regalo no se alcanza por conocimientos intelectuales sino, que es obra del Espíritu Santo, tendrán que correr.

Recuerda que los enemigos de José no eran extraños, eran de la casa. Vivían y comían con él. Cuando José expuso su sueño se puso en jaque. Y sus propios hermanos montaron la cacería inmediata, para darle el jaque mate. Muchos de los malos acontecimientos que pasan los niños, vienen de los conocidos. Así que, es tiempo de cuidar y saber elegir. Tiempo de auto examinarnos y ser mejores seres humanos, cuidando de los nuestros a tiempo y fuera de tiempo.

Es un deber nuestro, de observar a quienes elegimos de amigos y a quienes entro en mi casa. Mi abuelita decía ¡amigo es el ratón del queso y se lo come! Con esto abuelita nos quería enseñar de alguna manera que debemos de verificar que nuestros amigos no sean amigos por interés y o dañinos. Ella siempre nos instó de cuidar de no confiar nuestros secretos a cualquiera que decía ser nuestro amigo y más cuando este no había demostrado con hechos de ante mano.

Abuelita, siempre trataba de que nos mostráramos amigos, sin esperar nada material a cambio; **pero si lealtad**. Esto no quería decir que estamos libres de ser traicionados. Ella siempre decía: Jesús fue traicionado por muchos, y eran sus supuestos amigos, y esto es cierto. Lo dejaron solo muchas veces, en los momentos más críticos de su estancia en la tierra y aún sigue siendo traicionado con la indiferencia de muchos al no respetar ni escuchar su palabra y con la desobediencia de nosotros su pueblo, de no mantener nuestros compromisos con El.

Nosotros reconociendo que nuestro Señor Jesús, conoce todas las intenciones de los corazones y nosotros no; debemos agarrarnos de la sabiduría que solo da El Espíritu Santo, que precisamente Él lo dejo como paracleto, y el cual nos permite a través de su poder, tener ese discernimiento para identificar las malas intenciones de los detractores e infames. La búsqueda y la llenura del Espíritu Santo nos ayudara a no caer en engaños frecuentemente.

Es nuestro deber identificar ese amigo que habla la biblia, para no sentirnos víctima de los ignorantes de la lealtad. El mismo Pedro le dijo a Jesús, hasta a la cárcel iría contigo. En el momento más crucial de nuestro Salvador, Pedro le negó. Nosotros con nuestro mal comportamiento, también le negamos. Aunque más tarde Pedro se arrepintió, que fue lo correcto; esto no quiere decir que tenía excusas, para hacer lo que hizo. **Pero el amor de Dios es sin prejuicios y le perdono. Hoy a nosotros nos sigue extendiendo ese mismo amor.**

Nota

Cuidemos de elegir no el amigo de nuestro gusto y conveniencia, en vez de elegir el amigo del gusto de Dios.

No hay excusas para traicionar a un amigo, ni a tu compañera, ni a tu compañero. Debemos ser decentes, decorosos, y dignos. Honrar a quien honra merece. La biblia dice; **Proverbios 17:17** En todo tiempo ama el amigo, y es como un hermano en tiempo de angustia.
Proverbios 18: 24 dice: El hombre que tiene amigos, ha de mostrase amigo; y amigo hay más unido que un hermano.

Lo mismo va con nosotros, los que queremos amigos. Ya que, la misma Santa Escritura narra lo que es un verdadero amigo, debemos mostrar respeto por La Santa Palabra de Dios y seguirla sin perder de vista los puntos y comas de ella, para no caer en manos de los infames y jamás pertenecer al grupo de esos detractores.

¿Como puedo lograr esto?

_____.

Es nuestra responsabilidad;

1- Leer Las Sagradas Escrituras todos los días. **(Juan 5:39)**
2- Escuchar la voz de Dios. **(Deuteronomio 28:1-7)**
3- Mostrarnos amigos. **(Proverbios 17:17** y **Proverbios 18:24)**
4- Ser leales, sinceros y agradecidos. Es un deber proyectar a Cristo, siendo un buen ser humano. **Proverbios 11:1   Proverbios 11:3.   Proverbios 11:12** y **Proverbios 12:5**
5- Es importante evitar caer en el juego de la manipulación y la complicidad ilícita. **Hecho 5:5-11**

¿Cuántos recuerdan la historia de Ananías y Safira? ¿Que tienes que decir de ese mal comportamiento?

_____.

Malvados y carecientes de honra.
Hablemos un poco de Ananías y Safira.

Demos un recorrido a su historia. Esta pareja en complicidad trató de tentar al Espíritu del Señor. Este hombre llamado Ananías con su mujer llamado Safira, vendieron una heredad, y este sustrajo (robo) del precio, una cantidad, sabiendo (complicidad) también su mujer y trayendo solo una parte la puso a los pies de los Apóstoles (que eran verdaderos Apóstoles). Y observa lo que El Apóstol Pedro le dijo: ¿Ananías porque lleno Satanás tu corazón para que mintieses al Espíritu Santo y sustrajeses del precio de la heredad?

Nosotros siempre decimos y estamos claro que cualquier tipo de complicidad ilícita es pecado y traerá consecuencias sino no hay arrepentimiento genuine. En las cosas que siempre debemos estar de acuerdo es en aquellas que tienen verdad y son justas.

La complicidad con los que quieren destruir al pueblo de Dios es ilícita ante los ojos de nuestro Padre Celestial y ante los ojos de los justos. Esta complicidad es enemistad con Dios. **El que es enemigo de nuestro Creador y Padre Celestial, siempre será nuestro enemigo.** Dios nos libre de ser parte del mundo que aborrece la corrección de Dios. Es tiempo de levantar voluntariamente esas horribles limitaciones llamadas traición y mentira.

Y Pedro continúo reprendiendo a Ananías y le dijo; ¿porque pusiste esto en tu corazón? No has mentido a los hombres, sino a Dios. Al escuchar Ananías estas palabras, cayo y murió. Y Pedro seguía mostrándonos que, aunque la iglesia crecía en número y santidad, todavía había infames. Pasando un lapso como de tres horas sucedió que entro su mujer Safira y también mintió. Pedro le dijo: ¿Porque convinisteis (complicidad ilícita) en tentar al Espíritu del Señor? He aquí están los Jóvenes que han sepultado a tu marido y te sacaran a ti. Al instante cayó a los pies de él y expiró.

Hoy, en el tercer tiempo, que es el mismo tiempo de aquel día, aunque estamos en diferente época, ya Jesús había subido a los cielos, esto no implicaba y no implica hoy, que podemos sacar ventajas. Muchos se aprovechan de la misericordia de Dios y no entran en temor. En aquel día, vino gran temor sobre la Iglesia, y sobre todos los que vieron y oyeron sobre este caso.

¿Será que esperan que muera un infame en su acto, para respetar a Dios?

_____.

Nota

No debemos esperar la ira de Dios encendida, más bien procurar el arrepentimiento.

HOY, al igual que ayer, Dios nos da la oportunidad de retractarnos de los malos caminos y de las malas desiciones, gracias al **sacrificio del Salvador Jesucristo.**

Muchos hacen caso omiso y continúan con su mal comportamiento deliberado, el cual solo los llevará al abismo, y puede que arrastren a millones con ellos. Dios quiere que su pueblo llegue a la meta final con honor, y esa meta es la salvación.

Nuestro Dios quiere, que aquellos que no le conocen le den la oportunidad de levantarles todas sus limitaciones, estas que impidan ese glorioso momento de recibir ese gozo eterno y proyectar una vida fructífera. Quiere levantar nuestras debilidades y fortalecernos. Anhela ayudándonos a caminar sin desmayar en un mundo que se ha volcado en contra de sus estatutos y de toda verdad, pero que jamás se librará de su ojo. Es nuestro deber como hijos de Dios arrepentirnos y buscar su perdon, si es que queremos ver su rostro y no el rosto del otro.

<u>INFAMES</u>

NO ESTOY DE VENTA

Fui a mi primera entrevista de trabajo, necesitaban una persona auxiliar en contabilidad y computara. El "señor" que me atendió me preguntó; ¿eres auxiliar de contabilidad? le contesté, obvio, es la razón que estoy aquí. ¿Tienes conocimientos de computadora? Sí, y continúe respondiendo sus preguntas sobre mi curriculum. Si señor, soy técnica en las ciencias de computadoras y auxiliar en contabilidad. Soy egresada de La Perito y hablo inglés. Me miró, y continuo con preguntas fuera de lugar. ¿Sabes cómo hacer un corte de pelo? y también de manera segura le contesté obviamente no. Si fuera estilista, hubiera acudido a una entrevista de un Salón de belleza. Entonces me miró fijamente y me dijo; ¿podrías aprender para que me cortes el mío? Y le contesté: Todo lo que yo quiera lograr podría hacerlo, pero esa no es mi área. Pregunte ¿porque no contrata a una peluquera? Yo estoy aquí por el puesto de auxiliar en contabilidad. Si necesita otro tipo de profesional haga la publicidad sobre lo que realmente necesita. Entonces me contesto; es que eres tan bella que quiero que me hagas todo y te quedes aquí conmigo, yo te pagare muy bien. Y continuó diciendo: Contigo no necesitaría a nadie más. Entonces le dije: haga su nuevo anuncia y a ver cómo le va. Antes de retirarme, salió su niño, casi de mi edad y me dijo en secreto: eres valiente, mi padre es un promiscuo. Entonces me despedí y Sali del lugar.

Estos tipos de personas son mal intencionados y promiscuas. Si los identificas, denúncialos. Es una manera de levantar su limitación de falta de respeto a la vida de los demás.

Debemos dar apoyo a nuestros hijos y hacerlos sentir seguros de sí mismos, para que no se dejen subestimar.

Muchas veces habrá personas deshonestas que quieran hacer que nuestros jóvenes cambien su propósito, pero es bueno tener estos tipos de conversaciones con ellos. Hablarles claramente para que en el momento en que se encuentren en esta encrucijada, sepan cómo debe reaccionar. Jamás deben de aceptar alternativas y ningún tipo de negociaciones que no estén de acuerdo con sus principios. Es un laberinto, que nunca deben conocer, porque salir de él, será complicado.

No pudimos identificar con pruebas a este detractor infame para llevarlo a los tribunales, pero el Espíritu Santo lo identificó a tiempo y nos cubrió de la mala intención de este tipo. Cuando digo nos cubrió; me refiero a que no sufrí daños y mi familia tampoco. Recuerde que tan pronto sus hijos están en problemas usted está en problema.

Nada quedaría oculto, que no sea revelado. Mira lo que dice la Biblia en **Lucas 8:17** Porque nada hay oculto, que no halla de ser manifestado; ni escondido, que no haya de ser conocido, y de salir a la luz. Tiempo después mi mami se enteró que este era un aberrado, trasgresor y degenerado, en busca de niñas para negociarlas. Mi mami me dijo; estoy muy orgullosa de ti hija mía, que siempre has mantenido tu integridad e identidad por encina de cualquier cosa y sabes que es lo que realmente quieres. No te quedaste callada, ni caíste ante la manipulación de este degenerado sino, que lo confrontaste y te fuiste con honor.

Quiero que sepan, que mi Mami estaba afuera de la oficina esperándome, yo no estaba sola. Nunca salía sola a buscar trabajo; no por falta de confianza o independencia, sino que tengo una super mami que, por motivos de seguridad, obviamente yo era menor de edad, siempre me acompañaba en mi búsqueda por mi independencia. Aunque ella crio hijos independientes y responsable, nunca nos abandonaba a nuestra suerte. Siempre fue responsable de cuidar de la integridad de sus hijos.

Mi esposo y yo, al igual que ella criamos a nuestros tres hijos muy seguros de ellos mismos y con valores. Todavía siempre seguimos inculcándole palabras de vida. Ahora son adultos y capaces de cuidarse y de cuidar a otros, pero, aun así, es nuestra responsabilidad velar por su integridad mientras estén bajo nuestra supervisión.

Nota

Los menores siempre deben ser supervisados por adultos responsables o por sus tutores. Saber quiénes estarán a cargo de ellos y en qué área se estarán desenvolviendo. Esto evitará más dolor en la familia. No es súper protección, es super amor por los tuyos, para que la sabiduría reine y no el dolor.

Estas palabras son para los hijos. La biblia dice en Eclesiastés **4:13 Mejor es el muchacho pobre y sabio, que el rey viejo y necio que no admite consejos.**

¿Qué a menudo, supervisas las áreas donde se mueven tus menores? ¿Y qué a menudo le contestas preguntas sobre su búsqueda por su propia independencia?

_____.

¿Qué tan responsables los criaste?

_____.

No hacen ni dejan hacer, pero quieren gozar de tu gloria.

Unos años atrás estamos levantando una iglesia en florida. Al comienzo, nosotros y nuestros tres niños. Nuestro hijo mayor, recibía las personas en la puerta. Nuestro Segundo hijo, nos ayudaba en la proyección de las canciones y anuncios y nuestra niña tomaba los datos de los visitantes para darles seguimiento.

Luego se agregaron una linda pareja de hermanos en Cristo de origen peruano; mayores de 70 años, Mercedita y panchito, para ayudarnos. Nos trataban como hijos, y nosotros lo vemos como padres adoptivos aún. Damos gloria a Dios por ellos. Luego se siguieron agregando una pareja hermosa que había decidido ayudarnos con la música. El esposo tocaba la guitarra y ella cantaba.

Nos visitaba una señora algunos domingos. Comenzamos la evangelización y Dios fue agregando el resto. Luego nos reunimos con algunas familias que habíamos ganado para el reino durante los estudios bíblicos en nuestro hogar y en otros. Pasaron los días y llegaron más familias, producto de nuestra evangelización en el área. Luego se agregaron los hijos de un periodista, José Rosario mi amigo de la infancia y comenzamos a crecer. Tiempo despues se acercó una hermana de otra congregación, motivada para ayudarnos en la música también. fuimos a hablar con su pastor, el cual era un "amigo", bueno creíamos que era nuestro amigo. Queríamos hacerle saber que esa hermana quería ayudarnos con las alabanzas los miércoles, puesto que él no tenía servicio ese día. ¡Esta hermosa hermana tenía el anhelo por ayudarnos, porque la mies era mucha! Y ya saben, eso de los obreros por amor, poco se ve. Nadie nunca nos ha pagado para ser ministros, tolo lo hacemos por amor. Sin juzgar al que recibe su ayuda. Cada obrero es digno de su salario.

Entonces: Pedimos reunirnos con el pastor. El día de la reunión nos dijo; no, ella no ira ayudarles. Le preguntamos, ¿por qué? y nos contestó; **que sus ovejas eran de él.** Oramos y le dimos las gracias y nos despedimos tristes, pero satisfecho de haber hecho lo correcto.

Nota

No estamos de acuerda con división, ni traición. Eso no es de Dios. Pero negar la ayuda, tampoco es de Dios.

No podemos controlar lo que otros hacen y dicen; pero podemos controlar nuestras respuestas. Ser cristianos es seguir las enseñanzas de Cristo y estar al servicio de Dios, dispuesto ayudar a algún miembro de nuestro equipo al momento que este lo amerite. ¡Seria lo correcto!

Luego, pasando el tiempo este señor pastor, comenzó a intrigar y a tratar de desbaratar la obra. Oramos y se alejó poco a poco. ¡Gracias a la intervención de nuestro Dios!

Un día cuando menos esperábamos nos necesitó y se acercó. Nos pidió que le ayudáramos a contactarse con alguien que era nuestro amigo, un cantautor. Este, le necesitaba y él no tenía su contacto. Viendo que nosotros éramos la puerta para llegar a la persona, nos abordó. **Con todo el amor abrimos la puerta y le dejamos pasar.**

Este hombre, nunca estuvo en nuestro duro comienzo, ni hizo nada para ayudar a levantar aquella obra, ni extendió una mano amiga, pero Dios siempre nos dará la victoria sobre los soberbios. ¡No guardes rencor!

Nunca faltan los infames.

Te ha pasado que estás tratando de hacer algo que es bueno y eficaz para ti y los tuyos, pero de repente un supuesto amigo te dice; no hagas esa inversión. No compres esa casa, que ese lugar no es de tu "categoría", luego compras la casa en el lugar "categoría tal" y el primero que te hace fila para rentar la casa, es la misma persona que te puso obstáculos para que no la compres. ¡Que ironía!

Yo sigo creyendo, que usted puede comparar donde usted le plazca, usted tiene derecho de vivir donde usted quiera; todo porque usted es el responsable de sus decisiones, felicidad y de su fracaso. Nadie debe tomar decisiones por usted. Y su integridad no debe variar por estar en tierra "alta" o "baja". Es su decisión.

Lo que más preocupa son estos tipos de personas egoístas e infames, no quieren verte prosperar, ni en "High", ni en "Low" **para mí el comportamiento de la persona es que lo caracteriza, no es el lugar donde vive, ni las posiciones que tenga.** Estos infames al acecho de tú ascensión o de tu caída, vigilan sin descansar para burlarse o sacar provecho. No tienen nada positivo para dar. Cuídate de ellos. Estos quieren tus beneficios, pero no muestran su mano amiga en tus comienzos. **Quieren la corona antes de ser Rey**. Dios nos ha dado sabiduría para vivir en calidad y con la moral en alto donde nos toque vivir.

Ahora, te recuerdo que no todos seguirán instrucciones, no todos mostrarán respeto y no todos cuidarán de su lugar. Debemos aprender a vivir y buscar la instrucción de Dios siempre. Respetando las reglas del lugar y creando una atmósfera agradable.

Nota

Benito Juárez dijo; el respeto al derecho ajeno es la paz.

Donde llegues muestra respeto al derecho ajeno. Respeta las reglas de lugar y sigue las instrucciones que mantienen la paz. Pon tus talentos a la disposición sin negociar tus principios. Para eso no necesitas aprobación, si sabes quién eres, nada tienes que demostrar. La Biblia dice en **Mateo 7:16** Que por tus frutos te conocerán.

Más amor, cero envidias, menos trifulcas y mejor calidad humana.

Muchos con su mal comportamiento y su falta de modales; son los que marginan los lugares. Fuman encima del que no fuma, colocan sillas en lugares privados y arman un club clandestino, para estorbar la paz de los demás.

Esto es lo más común en las personas sin modales:

1- Estacionan los carros en frentes de las propiedades ajenas. Bloquean entradas con sillas o vehículos.

2- Suben el volumen del radio, como si fueran las únicas personas que vive en ese lugar.

3- Tiran basuras en las calles. Un grupo de estos insensatos limpia su frente y luego tiran los escombros al vecino más cercano.

Un mundo sin Dios en su corazón es el que actúa de manera incoherente. Cultivemos los buenos modales. Respetemos más, amemos más y cuidémonos más. Limpiemos nuestro entorno y sobre todo nuestro corazón, llénenoslo de virtud y no habrá espacio para los defectos. Nunca perdamos nuestro carácter ante tanta iniquidad.

Resultado: Lugares más tranquilos y mejores seres humanos.

Hay muchos infames dentro y fuera del redil, es nuestro deber ser real en medio de los irreales. Mantener nuestra lealtad por encima de cualquier desafío y exponer todo lo que perjudica y corrompe la sociedad.

Es también honorable celebrar y dar a conocer el corazón genuino. Un equipo y un verdadero amigo más que hermano.

Siempre hablamos o escuchamos hablar de David, cuya cosa es buena, pero muy poco escucho hablar de Jonatan. El hombre que levantó las limitaciones de David, en el momento más siniestro de este; se levanta Jonatan para cuidarle, un gran amigo. Debemos ser justos y tener en cuenta que es tan importante el antagonista como el protagonista, sin uno no existiría el otro.

Hace tiempo atrás, leí sobre una entrevista entre un hijo y un actor. El niño le pregunto a su padre: ¿cómo te lanzaste de ese lugar sin hacerte daño? El padre le contesto, no fui yo: otra persona lo hizo por mí. El niño siguió su interrogatorio: ¿cómo apareciste en dos escenas a la ves? el padre le contesto: no era yo, otra persona lo hizo por mí. Entonces su hijo le dijo: ¿qué fue lo que hiciste en la película, para alcanzar tantos aplausos? ¿Porque recibiste el premio tu solo?

¿Quién era el merecedor de los aplausos?

_____.

En la Nueva Vida en Cristo, debemos tomar en cuenta que seremos los antagonistas siempre, aun estemos al frente de los proyectos, hay uno que es realmente quien hace el trabajo, su nombre es El Espíritu Santo.

Cuando de trabajar para ganar almas se trata, es obediencia a un mandato de Jesús. ¡Id! No debemos aspirar ser los protagonistas.

¿Sabías que ganar almas es de sabios, no de protagonistas?

_____.

Cuando se trata de trabajar para el reino de Dios, no hay aplausos para nosotros. Los aplausos inagotables lo merecen nuestro Señor y Salvador, después de haber sufrido semejante dolor inmerecido, el cual llevándolo hasta una muerte de cruz; muerte que sólo tenían los delincuentes de aquel tiempo. Mas nuestro Señor por amor a notros se dejó lastimar hasta morir. Mas al tercer día se levantó también por amor en victoria sobre la muerte. Esta es la razón que las fuerzas de nuestro enemigo quedaron aniquiladas por siempre. ¡Aplausos a nuestro Salvador y Señor!

¿Quién es el fuerte y valiente?

_____.

¿A quién pertenecen los aplausos?

_____.

Él es el fuerte, que derrotó la muerte en tres días. Jesús es el número 1 del escenario y el merecedor de los aplausos y los reconocimientos. Jesús es el dador de talentos, El tomará en cuenta tu participación en esa gran labor, y por su gran amor y justicia tu trabajo no quedará olvidado. ¡Serás recompensado!

Nota

Esto no quiere decir; que tomarás ventajas de tu hermano y no le darás honor.

Me refiero a tener en cuenta, quién es el verdadero protagonista de todo lo que hacemos, para el reino de los cielos. Las decisiones de Dios deben ser respetadas, si queremos ser recompensados por parte de Él. Eso fue lo que hizo Jonatan, respetar que Dios había elegido a David como rey. Dando a entender con sus buenos sentimientos puestos en acción que, aunque su padre había sido desechado por Dios; el aun siendo su hijo, no era digno de tomar el reinado; puesto que Dios no lo había elegido al él; sino a David.

¿Cuántas veces has querido tomar el lugar de tu hermano?

_____.

¿Cuántos han tomado tu lugar?

_____.

Muchos quieren ser protagonistas, y llevarse todos los logros y hasta los aplausos. Hasta son de tropiezos, para evitar que vean realizado lo que Dios a dicho de ante mano de su compañero. No quieren compartir escenarios, ni victorias; Pero sí quieren que ese alguien, se lance a la guerra para ayudarles a alcanzar la anhelada victoria.

En la vida existe lo que se llama equipo: Un grupo de personas que se organiza para realizar una actividad con el mismo propósito, llevando a cabo una misión hasta alcanzar la meta. En la Biblia también existe este concept de equipo.

Demos un recorrido por La Biblia **Mateo 28: 16-20** La gran comisión, es el mejor ejemplo de equipo de trabajo. Y fue un equipo que recibió una orden de Jesús, y salieron a ejecutarla. Se fueron a Galilea, y aunque algunos dudaron, pero Jesús se les acercó y les dijo: toda potestad me es dada en el cielo y en la tierra. Por tanto, id, y haced discípulos a todas las naciones, bautizándoles en el nombre del Padre, y del hijo, y del Espíritu Santo; enseñándoles que guarden todas las cosas que os he mandado; y he aquí Yo estoy con vosotros todos los días, hasta el fin del mundo. Amen.

Nota

salvar vidas hasta el fin del mundo, a través de la palabra de Dios, es nuestro trabajo.

La Biblia es el libro más completo del mundo. Es el único libro sagrado, porque es palabra de Dios. Esta es como espadas de dos filos, no debemos menospreciar su contenido, ni dividirlo. **Hebreos 4:12** Porque la Palabra de Dios es viva y eficaz, y más cortante que toda espada de dos filos: y penetra hasta partir el alma y el espíritu, las coyunturas y los tuétanos, y discierne los pensamientos y las intenciones del corazón. Muchos toman lo que les conviene y un grupo, quiere aplicarla a otros. Cuando esta habla, lo hace cortando a quien la expone y termina con el receptor.

Dios quiere que caminemos juntos y de acuerdo, por una razón dice La Biblia en **Eclesiastés 4:9-10** Mejores son dos que uno; porque tienen mejor paga su trabajo. Porque si cayeren, el uno levantará a su compañero; ¡pero ay del solo! Que cuando cayere, no habrá segundo que lo levante.

¿Recuerdan la conversación del hijo y el actor? Es obvio, que su paga fue mayor, puesto que era el protagonista. Pero,

¿Quién lo ayudo a recibir los aplausos?

_____.

Su doble podía hacer todas las cosas, en las que él estaba limitado. Si caía y no se podía levantar, su doble le hacía aparecer de pie; si no podía saltar, el doble lo hacía por él, haciéndolo parecer un super héroe. ¿Recuerdan la pregunta que le hizo su hijo? ¿Qué fue lo que hiciste en la película papi, para recibir tantos aplausos?

El equipo que trabaja para Dios debe estar capacitado, y preparado para toda buena obra: Aun así, no olviden quién es que capacita. Podemos tener los conocimientos y dar uso de ellos, pero el dueño de todo siempre será Dios.

El Espíritu Santo, es quien capacita, sin Él es imposible vivir una vida integra y exitosa. Él siempre está dando sabiduría y fuerza para que cada uno pueda ejercer su rol; sin dejar atrás a los que tienen la capacidad de desempeñar varios roles; es decir, aquel que está listo para agarrar cualquiera de las varas cuando el otro por alguna razón no la puede seguir llevando. (piloto y copiloto a la vez).

No importa el papel que te ha tocado desarrollar en tu película en el mundo. Los aplausos que has recibido, las coranas y trofeos, todo lo que tienes y aun lo que te falta por recibir, lo has logrado porque alguien estaba cuidando tu salida, tu entrada y hasta tu sueño. Alguien peleaba por ti, para que las huestes malignas y los que se dejan usar por ellas (los detractores) se mantuvieran alejados de tu propósito. **¿Cuántas veces cubrió tu espalda y limpio tu frente?** Quizás jamás lo sabrás. El aplauso es de Él y de nadie más.

Nota

Esto no quiere decir que robaras el lugar a tu compañero-a, para recibir sus aplausos. Cuidado, el ojo de Dios siempre está ahí.

331

¿Será que sí podremos compartir escenario, aun sabiendo que no seremos los únicos en llevarnos los aplausos?

_____.

Jesús es el protagonista y el dueño del staff.

Muchos han olvidado que cuando se abre el telón, el que sale es Jesús. (cuando hablamos su palabra, cantamos, actuamos o danzamos). Nosotros somos exponentes de su palabra. Cuando se cerró la tumba el que estaba en ella era El. Cuando se abrió la tumba, el que resucitó y la dejó vacía fue El. Quien ascendió al cielo y tiene potestad sobre todas las cosas es El. Jesús es portador de todos los conocimientos y dueño del proyecto. Un proyecto que tiene nombre desde la caica del hombre en el jardín del Edén y se extendió su misericordia hasta antes de nosotros nacer, **Almas por Salvar.** Cuando se cierra el telón, los aplausos son para El. Un quipo, que junto a Jesús trabaja a favor de las almas para el reino de Dios, jamás será ignorado.

¡No te turbes, lo que necesitamos es un solo clavo! Todo saldrá bien.

¿Por qué te abates oh alma?

_____.

Espera en Dios. Esto, sólo pasará cuando hayamos entendido; cuál es nuestro lugar al servicio de Dios. Que sí, somos importantes y de valor para el reino, pero protagonistas del equipo jamás.

Salmos 42: 11 dice; Por qué te abates, oh alma mía, ¿y por qué te turbas dentro de mí? Espera en Dios; porque aún he de alabarle, Salvacion mía y Dios mío.

CONSULES DEL REINO Y HASTA DEL INFIERNO

En todos los países del mundo, hay una embajada y una sección consular dedicados a asistir a las personas de cada país, cuando visitan otros países y los nacionales cuando aplican por una visa. La sección consular está destinada para dar entradas a sus respectivos países o negarlas. Siempre estamos en manos de hombres y mujeres que tienen la última palabra de cumplir o negar una petición.

Podemos ver que hasta en las iglesias hay un grupito de Cónsules ocupando el lugar del Espíritu Santo. Esto no sucede, ni sucederá jamás en la oficina del cielo; allí hay un Soberano y es Jesús. Él es el único cónsul que te permite la entrada al cielo. **Jesús tiene potestad en el cielo y en la tierra**.

La Biblia dice en **Marcos 28: 18** Y se acercó Jesús y les hablo diciendo: Toda potestad me es dada en el cielo y en la tierra.

Él tiene la única palabra. Si Dios te envío, no necesitas Cónsules. El dejó todas sus instrucciones en Las Sagradas Escrituras. Él te da el permiso de entrada al cielo. Te envía tu Samuel, para capacitarte y te envía al campo de batalla, cuando estas listo.

Muchos de estos cónsules te negarán credenciales, pero, quiero que leas cuidadosamente este relato. Mira lo que les puede pasar.

Hubo un equipo de Misioneros que se trasladaron a África: Allí se encontraron un león grande en el camino. El león estaba por atacarlos y corría detrás de ellos con la intención de devorar a una de sus posibles presas. Y como usted sabe; devorar no es asustar, ni eludir: Es masticar e ingerir. Uno de los Misioneros corrió y se escondió. Otro se subió en un árbol y el único que tenía credenciales de **ministro (el mismo que no quiso proveerles credenciales a los demás)** quedó desamparado. Dando gritos de auxilio al que estaba encima del árbol le decía: Hermano, hermano, ore para que se valla este León, quiere devorarme, y el ministro que estaba encima del árbol, le gritó.... ¡Muéstrele su

335

credencial, para que ese león salga corriendo y no le devore! ... Y entonces este hombre recordó lo que hizo. Y con gritos pedía perdón y comenzó a rogar a Dios por su vida. Dios extendió su misericordia como siempre y le contesto su urgente petición. Finalmente, el león cedió y se apartó.

Dios le dio a este "ministro" una nueva oportunidad de convertirse en un verdadero ministro del Reino, un-Samuel, que ayuda, enseña y gradúa. Dándole honor a quien honor merece.

Nota

Dios te eleva cada vez que ayudas a crecer a un pequeñito.

Sólo esperamos que haya aprendido la lección y que pueda ser mejor cada día. Dios quiere que nos despojemos del egoísmo para que seamos mejores seres humanos. Es obvio, que muchos aparentan ser los cónsules del cielo y toman decisiones por Dios. No olvidemos quién da y quién quita. ¡Dios es el dueño y señor del universo!

La Biblia dice en **1 de Samuel 2: 8** Dios levanta del suelo al pobre y saca del basurero al mendigo, para sentarlo entre grandes hombres y hacerle ocupar un lugar de honor; porque El Señor es el dueño de las bases de la tierra, y sobre ellas colocó al mundo.

Nunca te detengas ante humanas circunstancias. Continue con amor haciendo tu trabajo para el único jefe que no falla. Dios no necesita cónsules, No necesita intermediarios, ni para ir a la gloria y para ir al infierno. Si caminas bajo la sombra del Omnipotente, no temas: Te espera la corona de la Vida Eterna.... Si caminas bajo la sombra oscura del enemigo de las almas; ya sabes cuál es tu último destino.

Un corazón genuino, un llamado de amor por las almas. Una vida bajo la cobertura de nuestro Dios. Aceptando las enseñanzas de tu Samuel más esa ayuda poderosa del Espíritu Santo, el cual te capacitará siempre, te hará un ser humano de valor.

ORACION

Padre nuestro que estas en los cielos, ayúdanos a ser como Samuel; que levanto las limitaciones de estrategias que tenía David, para que se levanten más guerreros en un mundo sin Dios, y podamos juntos llevar tu palabra a tiempo y fuera de tiempo. En el nombre de Jesús te lo pedimos.

No te hagas llamar lo que Dios no ha dicho que eres. ¡Muchos quieren correr y todavía no gatean!

Dios es más necesario que el mismo aire que respiramos y más que la sangre que corre por nuestras venas. El espíritu Santo es quien infunde vida, aun, los latidos del corazón le obedecen y por lo tanto El Espíritu Santo no muere. Llénate de su presencia cada día. Si no reconoces esto, no reconocerás la voz de Dios cuando hable a tu vida.

Sigue clamando y escuchando con sabiduría y sigue recibiendo la capacitación de tus maestros de la fe. David no se lanzó a la ligera. Cuando supo que había sido elegido rey; le entro un temor, pero se dejó levantar sus limitaciones por el Profeta Samuel. No fue Rey sin antes entender todas las estrategias militares y de cómo debía llevar las armaduras. David no tenía idea de nada de esto. Toda capacidad de entendimiento lo recibió de Samuel, el profeta de Dios. Sin esa ayuda, jamás habría tenido éxito como Rey.

Si después de haberte capacitado, te niegan las credenciales; que son sólo documentos requeridos por los hombres para cumplir con los requisitos naturales de las organizaciones, no te impacientes y ni guardes rencor, ¡pero no te rindas! Dios quiere que lleves el mensaje de salvación siempre. Con credenciales de tu organización o sin ellas. Compartir el amor de Dios es un privilegio. Recuerda, Dios no quiere que tomes retos que Él no te ha enviado a tomar. Hay muchos que se apresuran a correr y todavía no gatean. déjate pastorear y aprende a esperar en Dios

Cuando Dios vea que tomaste responsabilidad, entonces el mismo te dará tus credenciales. ¡Nada más hermoso que sentir ese amor por las almas y ese destilar de pasión por compartir lo que Dios ha hecho contigo! Dios suplirá y te mandará a la persona que te levantará cualquier limitación, para agregarte al lugar de tu llamado. No te apresures.

Cuando llegas al lugar y veas la necesidad de obreros, debes agregarte a la comisión que ellos tienen de rescate por las vidas. Debes hacerlo sin esperar nada a cambio. Los que te reciban, si son de Dios cuidarán de ti. Ellos te harán sentir bienvenido y te darán las estrategias de trabajo, para que no salgas sin armas a la guerra. Tu, únete y gana almas para el reino.

Dios es quién nos da la orden y quien espera que la cumplamos. Hay muchas vidas esperando ser rescatadas. El mundo sin Dios los arropa y los quiere asfixiar. No es tiempo para jugar a los apóstoles y profetas, esto es un rescate de almas que dan voces de su auxilio, no gritos de júbilo. A ese 911 sin horarios, y aprueba de tormentas, debemos acudir ya. Dios siempre quiere rescatar vidas.

¿Estás dispuesto a unirte al rescate?

_____

¿Quieres ser rescatado hoy?

_____.

Has esta oración; Padre nuestro, que estas en los Cielos, gracias por tu amor y tu misericordia. Te pido que me perdones y me restaures. Que me ayudes a levantarme en medio de mi proceso y a seguir adelante, aunque se levanten escombros en contra de mi destino final, el cual tú de ante mano hiciste perfecto para mí. Yo sé que tu vives y me levantaras. En el nombre de Jesús te lo pido, amen.

Nota

No hay que cundir el pánico, pero si este llega, no temas, Jesús, aunque siempre está ocupado, llega a tiempo.

Mi esposa siempre dice, sigamos adelante caminando hacia la madurez con Jesús al frente.

Yo siempre veo una mujer, con los pies sobre la tierra y la vista hacia el cielo. Con un corazón sensible al dolor ajeno, pero no ingenuo. Motivada por lo que Dios dice; y no por las emociones. Sin altanerías, pero decidida. Sencilla, más no simple. Siempre hermosa, esta mujer de Dios se mueve sin temor a nada. Perdón si alguien se ofende, pero esa es mi amada esposa, Elizabeth Plasencia. Lo que Dios dijo; eso ella hará y dirá. ¡Nadie pude detenerla, ni callar su voz!

Testimonio

Recuerdo cuando yo era adolescente; no quería volver a la iglesia por sentirme discriminada. Lastimada por ciertos ignorantes que me detenían en mi caminar hacia la madures. Tanto en las cosas espirituales y hasta en realizar alguno de mis sueños. Veían pecado en todo, menos en su comportamiento. Maltratada por estos religiosos e insensatos, tome la mala decisión de quedarme en casa y no volver a la iglesia. No tardó la noticia en esparcirse por "Radio y Televisión Lenguas" (ósea chismosos de ese tiempo, regaron los acontecimientos en segundos). Esparcidores del chisme, gracias por hacerle saber al hermano Domingo De Mata, mi mala decisión. Esa decisión levanto una de mis limitaciones a tiempo. Abuelita diría, no hay mal que por bien no venga y la Biblia dice en **Romanos 8:28** y sabemos que a los que aman a Dios todas las cosas les ayudan a bien, esto es, a los que conforme a su propósito son llamados.

¡Soy más que vencedora! Devuelta a mi propósito.

El hermano, llegó a mi casa en alfombra mágica y no prestada por aquel <u>Aladino</u>, sino en la suya propia. El hermano Domingo De Mata Carela, primer Diácono de la iglesia, en ese entonces. Un hombre que siempre nos amó como familia, y aun nos ama. Aunque era muy estricto y casi siempre yo argumentaba con él, siempre me comprendía y mis hermanos y yo los amábamos como a un tío. No tardó en lanzar su pregunta: **¿Por qué no quieres volver a la iglesia?** yo le contesté rápida y directamente como me caracterizaba, no vuelvo **porque en la iglesia hay muchas personas malas, egoístas, insensibles y sin amor.**

El me miró y con voz suave me preguntó: **¿Crees que será posible que hagas una casita en el aire, así como un castillo de cristal, para que vivas en él, donde no lleguen los malos?** Me quedé pensando un buen rato como niña al fin, y contesté entre risas y llantos no, no es posible. Entonces me dijo; **debes ir a la iglesia y ser mejor que esos malos.** Aunque quiero que sepas que nadie es perfecto, donde quiera que te vayas habrá malos. El único bueno y perfecto es Dios.

Y siguió su discurso....... **Fija tu mirada en Dios**, Porque donde quiera que vayas habrá malos y tendrás que aprender a vivir entre ellos. Algunas **veces tendrás la oportunidad de irte fuera del entorno,** otras tantas en el nuevo entorno conocerías nuevos malos y estarías mudándote de lugar en lugar.

Se fuerte y valiente y no apartes tu mirada de Cristo; y siguió diciendo...Tu tío Domingo te dice esto por experiencia. Porque te amo no quiero verte caminar con temores. Quiero que seas feliz. Fueron muchos días de lloro y quejas, pero al final volví a la iglesia, donde muchas personas que me amaban me esperan con los brazos abiertos y el grupito de religiosos infames e ignorantes se quedaron atónitos y confundidos. Todavía muchos de estos siguen igual o peor; haciendo prejuicios y mandando al infierno a muchos hijos de Dios. Algunos se apartaron por completo de la iglesia, puesto que no han conocido a Dios nunca. Mas Dios los ama y está en espera de su arrepentimiento, para salvarles.

Gracias, hermano Domingo Mata, por su intervención a favor de mi salvacion.

Con el paso del tiempo sigo aprendiendo que no somos perfectos, pero que podemos mejorar día a día. **Tratar de destilar un aroma agradable ante los que todavía apestan de odio, envidia, egoísmo e ignorancia**, creando una atmosfera agradable y no de turbulencias. Esta será una buena manera de protestar y ganarle a los infames y detractores.

Aprendí que no debo dejar a Dios jamás. Que El, es el único que puede levantar limitaciones horrorosas de los corazones. La biblia dice en **1 Juan 4: 7-8** Todo aquel que ama ha nacido de Dios y conoce a Dios. El que no ama, no conoce a Dios, porque **Dios es amor.**

El amor verdadero se prueba con el corazón (limpio), que es la sala de estar de la inteligencia (buenas decisiones), llenándolo de verdad cada día. (honesto) Se prueba también con el alma, que es el aposento de las emociones, llenándola más de Dios y con las fuerzas (Resistencia), que es la sala del ensanchamiento de la voluntad (buenas desiciones) Reconociendo que esa fuerza que sólo viene del Espíritu Santo, el único que levanta las limitaciones de la falta de la práctica del verdadero amor en un mundo sin Dios.

El amor es la cura para todo mal y amor es Dios.

Jesús, es y será siempre nuestro Levantador De Limitaciones por excelencia, en un mundo sin Dios.

MADRES , PADRES Y VECINOS AL RESCATE Y EN ACECHO DE LOS DETRACTORES

Este tema lo elegí para que conozcan que en el mundo hay dos tipos de vecinos; buenos y malos. La diferencia entre uno y otro es clara. El buen vecino siempre cuidara de no ser infame.

Deberías elegir personas con tus creencias y principios para caminar. Las personas que caminan diferentes a ti, te manipularían, para que tu hagas su voluntad.

Doña Miriam, una mujer que me mostró como era el mundo sin Dios, en pocas palabras mejor que cualquier miembro de la iglesia o de mi familia. A mediados de los 80 y 90 no era fácil encontrar personas que dieran información tan clara y menos, a una niña. Aunque esta mujer, no era cristiana en ese tiempo, Dios la usó para llenarme de un conocimiento necesario, una limitación que debió ser levantada por los míos. La Biblia dice en **Lucas 19:40** que, si estos callaran, las piedras hablarían. Mas esta mujer simplemente hablo.

Era escaso conseguir a alguien que te hablara por amor y con precisión sobre cuantos detractores e infames hay, extraños y conocidos. Me habló de cosas que jamás había escuchado y me aconsejó para que nunca caiga en manos de perversos. Gracias a ella, adquirí conocimientos a temprana edad, sobre las **víctimas de tratas blancas**. Me enseñó que los malos también están cerca y que los extraños todos son sospechosos. Se empeñaba en que yo debería elegir personas con mis creencias y mis principios. Que las personas que piensan diferentes a mí me manipularían, para que yo haga su voluntad. Mi amada Miriam, Madre al Rescate. Hoy esta con nuestro Señor. Jamás será olvidada.

Doña Fila y Don Miguel concepción. Nunca olvidaré a Don Miguel, siempre me guardaba ese plato de vianda. Guineos verdes con cebollas, y me obligaba a comer. Yo no era de comer mucho, y no comía carne. Estaba muy delgada y Don Miguel, siempre decía; pero ¡hija mía, come para que heches unas libras! Doña Fila su esposa, comprando o haciendo ese cake, en los días de nuestros cumpleaños. ¡Gracias por cuidar de nosotros!

Doña maría, gracias por siempre estar al asecho. Desde su Puerta hasta la puerta de nuestra casa. Evitando a toda costa que intrusos entraran a lastimarnos.

Doña Sila Zayas, esta mujer siempre me decía que debía estar en grupos de mi edad y no de mayor edad. (yo, decía que metiche) ella decía, que estos tienen costumbres y conocimientos que no eran apropiados para mí en el momento. Nunca la entendí y siempre que escucha esas palabras sentía rechazo. Pero un día su hijo, cumplía años y le hacían una fiesta, yo quería entrar y una joven dijo; no puedes entrar porque todos tenemos compañeros y si queremos besarnos lo haremos y si tu estas, no podremos. Años atrás analizaba mis memorias y me di cuenta, que doña Sila estaba protegiéndome y entendí perfectamente de que me estaba librando. ¡La amo!

Mi maestra Juana de Olio. Gracias, por tanto, tus modales y tus buenas costumbres eran dignos de imitar. Te amo

¡Definitivamente una época inolvidable!

RECONOCIMIENTO ESPECIAL

Mi amado padre. Pastor, Evilio Alcántara Aquino

Mi mami bella. Pastora, Reina Perez De Alcántara

Mi amado hermano de sangre, Santo Alcantara (Johnny) mi levantador de limitaciones y mi mejor amigo.

Pastor Ezequiel Molina Rosario

Dr. Luis Ramon R. Taveras

Lic. Josefina Martínez

Evangelista Luis Palau

Mi amigo y hermano en Cristo Pastor, **Josué Pimentel.** Hoy descansa en la presencia de Dios. Nunca será olvidado. Se fue tan joven; pero nuestra esperanza esta puesta por fe en la Gran Resurrección. Allí nos veremos y juntamente con Cristo en la patria Celestial.

Abrazos y bendiciones para todos mis amigos de Facebook, Instagram y Twitter y las demás plataformas. Pido a Dios que este libro sea de bendición para todos ustedes. Que todas las limitaciones de cualquier tipo sean levantadas, así, como Dios lo está haciendo con nosotros. Esto lo pedimos en el dulce nombre de Jesús. Amén.

Pastor, Angel De Jesús, siempre tendremos un lindo recuerdo de el en nuestro corazón. Aquel día camino a Canadá estará siempre en mi corazón. ¡Hoy descansa con nuestro Señor, y le veremos en la Gran Resurrección!

Su legado no morirá jamás. **Mana From Heaven**, no es sólo un título. Con este ministerio, hizo muchas cosas positivas para el Reino de Dios y para bendecir a los pobres. El esparció La Palabra de Dios, no sólo aquí en Estados Unidos; sino también en la India, Filipinas, Canadá, Puerto Rico, México y en mi bella Isla, La República Dominicana.

Dr. Samuel Paul Lewis. (Papa Samuel) Me instruyó desde mi temprana edad en los caminos del Señor, aunque no era el pastor interno, era el Senior pastor y propietario del Colegio Evangélico que llevaba su nombre, en el cual curse mis primeros años de infancia. La Gran Resurrección es nuestra esperanza.

Pastora, Ernestina Rodríguez De Sealy. Una mujer Virtuosa y directa, que siempre creyó en mí. Levantó mis limitaciones del temor cuando yo era adolescente. Ella fue mi samuel. Me impulsó a seguir mis sueños y mi llamado. Gracias. ¡Te amo!

Pastores, Abiel and Lynn Hernández. Gracias por siempre respetar nuestro ministerio. Abiel, un hombre humilde y de un corazón enorme. Lynn, una mujer benevolente y genuina.

Pastores, José y Noelia Torres. Gracias por respetar nuestro Ministerio y permitirnos ayudarles por tanto tiempo. Gracias por compartir el Púlpito con nosotros y brindarnos amor ¡Los amamos chicos!

Mi próximo libro, Soy Guerrera.

Todos los días gano una batalla en la Guerra de la Vida. Cristo es mi comandante y nadie podrá detenerme.

Recuerda que Dios siempre te hará florecer desde el lugar que te toque vivir. Las limitaciones solo existen para el que no pide ayuda.

Si te dejas guiar, cuidar y moldear por Dios, serás mejor persona cada día. Proyecta vida y no muerte. Este mundo necesita personas de bien y no de mal.

Envejezcan juntos y plasmen todas sus fotos hasta ver la última.

Resistan al enemigo de las almas y este huirá, pero no toleren el mal. Denuncia a los infames y detractores. Es una manera de levantar sus limitaciones. Vivan sin odios y sin planes de venganzas.

Ama y cuida.

La familia es una institución o conjunto de personas, ocupadas de dar amor e impartir valores a los suyos. Las Escuelas (universidades y academias) son instituciones dedicadas a desarrollar el intelecto de sus alumnos.

La iglesia es una organización sin fines de lucro, encargada de impartir y compartir la palabra de Dios.
Una época desafiante.
Habla de Dios y del Plan de Salvación.
No te detengas.

Levántate y Resplandece. Si te caes 10 veces levántate 1000 veces más y continua. ¡No te rindas!

ELIZABETH PLASENCIA

Nacida en la Republica Dominicana. Reside en los Estados Unidos de América. A pesar de haber sido dedicada a temprana edad al servicio de Dios, a sus 9 años recibió al Señor Jesucristo como su Señor y salvador. Fundadora del Ministerio Internacional Vida y Fe. Hoy Esposa, Madre y Evangelista.

Comparta lo aprendido
Yo quiero conocer más de usted

Puede enviar un email

levantadordelimitaciones@gmail.com

visitar mi Instagram

levantadordelimitaciones

en la página del ministerio

mividayfe.com

Los amo en el amor de nuestro
Señor y Salvador Jesucristo.

Made in the USA
Middletown, DE
18 February 2023

24433891R10205